essentials

Essentials liefern aktuelles Wissen in konzentrierter Form. Die Essenz dessen, worauf es als „State-of-the-Art" in der gegenwärtigen Fachdiskussion oder in der Praxis ankommt. *Essentials* informieren schnell, unkompliziert und verständlich

- als Einführung in ein aktuelles Thema aus Ihrem Fachgebiet
- als Einstieg in ein für Sie noch unbekanntes Themenfeld
- als Einblick, um zum Thema mitreden zu können

Die Bücher in elektronischer und gedruckter Form bringen das Fachwissen von Springerautor*innen kompakt zur Darstellung. Sie sind besonders für die Nutzung als eBook auf Tablet-PCs, eBook-Readern und Smartphones geeignet. *Essentials* sind Wissensbausteine aus den Wirtschafts-, Sozial- und Geisteswissenschaften, aus Technik und Naturwissenschaften sowie aus Medizin, Psychologie und Gesundheitsberufen. Von renommierten Autor*innen aller Springer-Verlagsmarken.

Stefan Reuter

Erfolgreiche Beratung und Verkauf im Immobilienvertrieb

Was Kunden wirklich wissen wollen

Stefan Reuter
Berlin, Deutschland

ISSN 2197-6708 ISSN 2197-6716 (electronic)
essentials
ISBN 978-3-658-51754-0 ISBN 978-3-658-51755-7 (eBook)
https://doi.org/10.1007/978-3-658-51755-7

Die Deutsche Nationalbibliothek verzeichnet diese Publikation in der Deutschen Nationalbibliografie; detaillierte bibliografische Daten sind im Internet über https://portal.dnb.de abrufbar.

Springer Gabler ist ein Imprint der eingetragenen Gesellschaft Springer Fachmedien Wiesbaden GmbH und ist ein Teil von Springer Nature.
Die Anschrift der Gesellschaft ist: Abraham-Lincoln-Str. 46, 65189 Wiesbaden, Germany

Vorwort

Im Essential „Erfolgreich durchstarten im Immobilienvertrieb“ wurden die nötigen Schritte für einen erfolgreichen Vertriebsstart beschrieben und – genauso wichtig – die einzuhaltende Schrittfolge.

Diese Fortsetzung ergänzt die Grundlagen durch Schilderungen aus der erlebten Praxis von Anwendern des ersten Essentials „**Erfolgreich durchstarten im Immobilienvertrieb**“. Vermutlich wird sich der eine oder andere Leser selbst ertappen und mit einem Lächeln den hier angebotenen, gelebten Beratungsansatz übernehmen.

Wie unter Verkäufern allgemein bekannt ist, unterscheiden wir unter Vorwänden und Einwänden. Vorwände müssen mithilfe von geeignet formulierten Fragen als solche identifiziert werden, sie können tatsächlich nicht behandelt werden. Die echte, zielführende und sachliche Auseinandersetzung mit Interessenten erfolgt in der Einwandbehandlung.

Häufig wiederkehrende Einwände können – bevor diese geäußert werden – durch die sogenannte Einwand-Vorwegnahme behandelt werden. Zu diesem Zweck ist es wichtig, die eigenen Gespräche im Nachgang zu analysieren, um sowohl erfolgreiche Formulierungen als auch Korrekturbedarf und wiederkehrende Einwände zu erkennen.

Ein weiterer interessanter Aspekt ist die Antwort auf die Frage „Kommt dieser Einwand wirklich vom Erwerbsinteressenten oder ist es ein Bedenken des Beraters?“

Dieses Essential geht auf beide Sichtweisen ein.

Berlin, Deutschland

Stefan Reuter

Was Sie in diesem *essential* finden können

- Instrumente zur Identifikation von Vorwänden.
- Hilfestellungen beim Umgang mit eigenen Bedenken als Berater.
- Bewährte Gesprächseröffnungen.
- Kundenorientierte Behandlung von Einwänden
- Zusätzliche Inhalte (ESM) sind auf Kapitelebene auf Springer Nature Link verfügbar

Inhaltsverzeichnis

Über den Autor

Stefan Reuter ist seit 40 Jahren in der Beratung und im Aufbau von Vertriebswegen in Bezug auf die Themen Vermögenssicherung und Ruhestandsplanung aktiv. Seit 2000 ist der Vertrieb von Kapitalanlageimmobilien, der Aufbau entsprechender Unternehmen und das Entwickeln von Beratern und Führungskräften sein hauptsächliches Betätigungsfeld.

Fragen und Anregungen senden Sie bitte an: mail@stefan-reuter.com

Einstieg

1

Zahlreichen Beratern fällt es schwer, einen passenden Einstieg in das Gespräch zu finden. Viele finden es langweilig, nur Produkte zu verkaufen. Es bringt nichts, Exposees oder Factsheets an potenzielle Käufer zu schicken. Man muss herausfinden, warum jemand eine Kapitalanlageimmobilie kaufen will und das gemeinsam mit dem Käufer machen. Jeder Berater hat einen eigenen Einstieg in die Immobilienberatung, die für ihn oder besser für seine Kunden passt.

1.1 Andreas aus Augsburg

„Erst präsentieren, wenn man weiß, warum der Kunde kauft."

Andreas erzählte mir, dass er einst Maschinenbau studiert hat. Ein Fach in diesem Bereich heißt heute noch „Mechanik III". Zur besseren Vorbereitung nutzte Andreas das breite Weiterbildungsangebot der Universität und besuchte neben den Vorlesungen die großen Übungen und die Tutorien. Klarheit brachte eine persönliche Sprechstunde bei einem der wissenschaftlichen Assistenten des Professors zur konkreten Vorbereitung einer abschließenden Klausur.

Der Erzählung nach erhielt Andreas die Klausur aus dem vorangegangenen Jahrgang und sollte diese lösen bzw. seine Defizite erkennen, um in dieser Rich-

Ergänzende Information Die elektronische Version dieses Kapitels enthält Zusatzmaterial, auf das über folgenden Link zugegriffen werden kann [https://doi.org/10.1007/978-3-658-51755-7_1].

S. Reuter, *Erfolgreiche Beratung und Verkauf im Immobilienvertrieb*, essentials,
https://doi.org/10.1007/978-3-658-51755-7_1

tung nachzuarbeiten. Andreas las die erste Aufgabe und nahm Papier und Stift zur Hand. Der Assistent beobachtete ihn und fragte, was er dort täte. Andreas erwiderte: „Ich löse die Aufgabe." Dann, so bemerkte der Assistent des Professors, ist mir einiges klar, denn tatsächlich löst Du die Aufgabe zunächst im Kopf und schreibst die Lösung anschließend auf. Mangelnde Vorbereitung ist häufig der Hauptgrund für ein schlechtes Ergebnis.

Jahre später ist Andreas so erfolgreich im Vertrieb, dass er mit der Leitung eines Teams beauftragt wird und erinnert sich an diese Klausurvorbereitung in Bezug auf den Wert der sogenannten Aufwärmphase. Diese erste Gesprächsphase, das „Warm-up", soll eine vertrauensvolle Arbeitsebene schaffen und im besten Fall erkennt der Berater am Ende dieses Gesprächsabschnittes, welches Produkt für den Interessenten passend ist. Nun kann die Produktpräsentation maßgeschneidert erfolgen und die wesentlichen Informationen können kundentypengerecht transportiert werden.

Anders gesagt: Wer die Aufwärmphase zum Lamentieren mit Füllsätzen verwendet, der vertut unwiederbringlich eine Chance, den Erwerbsinteressierten punktgenau zu beraten. Vom ersten Augenblick an steht der Berater dem möglichen Kunden gegenüber in der Verantwortung, sein Bestes zu geben, um dem Interessenten die Kaufentscheidung zu erleichtern.

Der Aufbau von Vertrauen ermöglicht eine aktive Beratung, statt einer anhaltenden Notwendigkeit reaktiver Argumentation. Das Zauberwort lautet „Einwand-Vorwegnahme".

Sitze ich beispielsweise mit einem zahlenorientierten Gesprächspartner zusammen, ist die Frage nach der Höhe der Mietrendite zu erwarten. Mit diesem Wissen kann ich Dinge ansprechen und einen Gesprächsanker setzen, bevor das Thema auf den Tisch kommt.

> „Wie Ihnen Sie sicher bekannt ist, gibt es für die Messung des wirtschaftlichen Erfolgs einer Kapitalanlageimmobilie verschiedene Messwerte, der wichtigste dieser Werte ist die Eigenkapitalrendite, die beziffert, wieviel Geld Ihnen Ihre Investition verdient. Die Höhe Ihrer Eigenkapitalrendite ist von dem Gesamtkonzept rund um Ihre Immobilie abhängig. Ich möchte Ihnen das später gerne zeigen (vgl. Abb. 1.1)."

Wir gehen an dieser Stelle einen Schritt zurück und nähern uns der Antwort auf die Frage: Wie entsteht Vertrauen?

Meiner persönlichen Erfahrung nach darf die Aufwärmphase nicht wie ein Verhör geführt werden oder wie eine Abarbeitung eines Fragenkataloges, sondern vielmehr wie ein „Flirt". Man will das Gegenüber kennenlernen und gibt selbst Dinge preis.

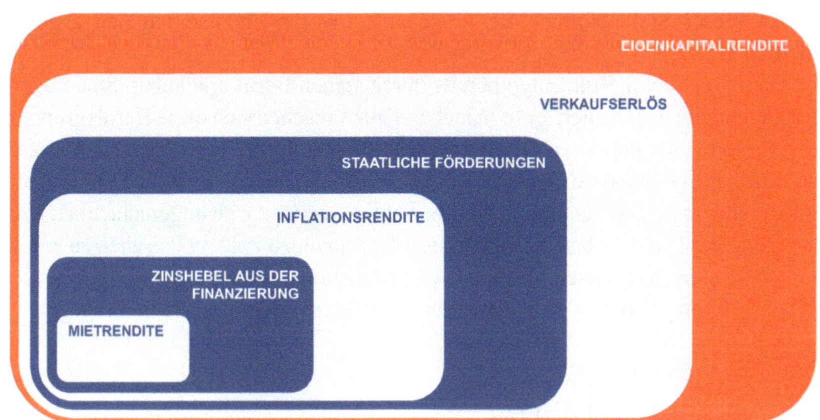

Abb. 1.1 Kennziffern einer Kapitalanlageimmobilie

Denn obwohl das Objekt bzw. Produkt sich nicht ändert, geht es darum, sich auf der Gefühlsebene auf Augenhöhe zu begegnen. Ein Modell, das diese Form der Kommunikation sehr gut erkennbar macht, ist das Mitte der 1950er-Jahre von zwei amerikanischen Sozialpsychologen entwickelte Johari-Fenster. Neben der Selbst- und Fremdwahrnehmung wird veranschaulicht, wie Kommunikation tatsächlich gelingt. Im ESM befindet sich die Abbildung (A), diese bildet links das Johari-Fenster in seiner Grundform ab und rechts nach erfolgreichem Austausch und vergrößerter Arena.

Fassade wird das genannt, was der Betroffene von sich weiß und kennt – also was ihm bewusst ist, aber er anderen entweder unwissentlich nicht zugänglich macht oder bewusst vor ihnen verbirgt.

Unter dem „blinden Fleck" versteht man alles, was dem Betroffenen über sich selbst unbekannt ist, aber von anderen wahrgenommen wird bzw. diesen bekannt ist.

Der unbekannte Bereich ist alles, was weder dem Betroffenen noch anderen bekannt ist.

Die Arena ist der Bereich im Johari-Fenster, in dem Kommunikation stattfindet. Es ist öffentlich, was ein Mensch von sich preisgibt, damit ist es ihm und seinen Gesprächspartnern bekannt.

Es geht also darum, die richtigen Fragen richtig zu stellen, um sich besser kennenzulernen und beidseitiges Vertrauen aufzubauen, dadurch vergrößert sich die Arena.

An dieser Stelle kommt die Frage auf: „Woran erkenne ich den Zahlenmenschen?“

Häufig ist dieser Kundentyp bereits durch seinen Beruf erkennbar. Steuerberater, Ingenieure, Controller, … In manchen Fällen machen sich diese Berufsgruppen den Erwerb einer geprüften Qualitätsimmobilie unnötig schwer und „zer-rechnen“ sich das eine oder andere Objekt mit einer selbst erstellten Tabellenkalkulation, die regelmäßig nicht alle Faktoren mit einbezieht. Es wäre jedoch ungerecht, einerseits alle Angehörigen der oben genannten Berufsgruppen zu Zahlenmenschen zu erklären und anderseits anderen Menschen diese Neigung abzusprechen.

Ein weiterer Hinweis sind häufig genutzte Worte oder oft gestellte Fragen:

- Wie rechnet sich das?
- Wie hoch sind die Betriebskosten?
- Ist die Baugenehmigung schon erteilt?
- Wo ist der Bahnhof, Supermarkt, Kindergarten, Schule, …?
- Wann werden welche Kaufpreisraten fällig?
- Wie lange dauert der Grundbucheintrag?

Ergänzend ist es wichtig, den Gedanken im Hinterkopf zu behalten, dass jeder Mensch als Unikat eine ganz eigene Zusammenstellung der unterschiedlichen Typologien ist und wir tatsächlich stärkere Ausprägungen erkennen können, um uns darauf einzustellen. Ansonsten gilt, wie es einst ein Kollege formulierte: „Behandeln Sie den Kunden, wie er behandelt werden will, nicht wie Sie behandelt werden wollen“.

1.2 Bernd aus Bernried

„Ein Immobilien-Investment kann vielfältige Zielstellungen erfüllen.“

Bernd ist seit ein paar Jahren Generalagentur einer großen Versicherungsgesellschaft. Seine Büroräume liegen in Bernried, sein Marktgebiet hat eine der durchschnittsältesten Bevölkerungen Deutschlands, das wirkt sich unter anderem auf die von ihm platzierten Versicherungsprodukte und die Höhe der verdienten Provisionen aus. Gleichzeitig ist der Durchschnittsverdienst höher als in anderen wirtschaftlich sehr erfolgreichen Metropolregionen. Die Verantwortlichen im städtischen Rathaus tragen viel zur Verjüngung der Bevölkerung bei und so ist insbesondere in der Innenstadt die bereits teilweise beginnende Gentrifizierung zu erkennen.

Als Bernd sich aus Unternehmer-Sicht neu ausgerichtet und seinen Finanzberatungsansatz allumfassender gestaltet hat, war der Gedanke naheliegend, zusätzlich Immobilien zu vermarkten. Die Herausforderung lag darin, sowohl „alt" als auch „jung" zu interessieren und einen Mehrwert für alle zu bieten. Die Aufgabe war es, die Demografie in Deutschland und die Bevölkerungswanderung in die Metropolregionen zu thematisieren und gleichzeitig Produktlösungen für jede Lebensphase aufzuzeigen.

Die zielführendste Idee wurde unter dem Arbeitstitel „Pflegeabend" entwickelt, der viermal im Jahr veranstaltet wird und Impulse zu unterschiedlichen Themen liefert:

- Stämme und Ordnungen
- Pflege und Pflichten
- Vermögensbildung und Übertragung
- Absicherungen biometrischer und wirtschaftlicher Risiken
- Kapitalanlageimmobilien zum Vermögensaufbau und in der Ruhestandsplanung

Die Abb. 1.2 zeigt die Einstiegsfolie von Bernds Pflegeabend. Sie gibt der Veranstaltung ihre Struktur.

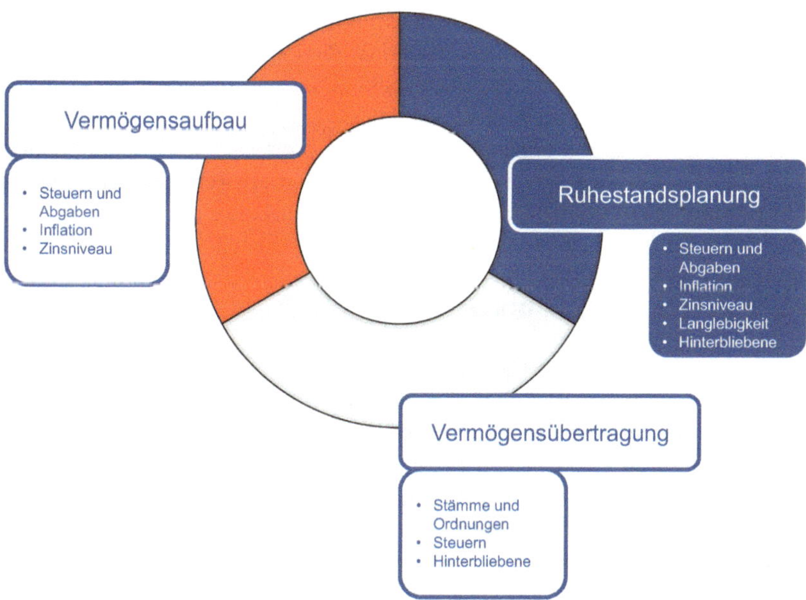

Abb. 1.2 Begrüßungsfolie von Bernds Kundenabend

Tatsächlich waren die ersten Veranstaltungen schwach besucht und das, obwohl Bernd zu Beginn seinen gesamten Kundenbestand mit wechselnden Medien eingeladen hat, per:

- E-Mail
- Postkarte
- Brief
- WhatsApp

Gerade als Bernd aufgeben wollte, stieg die Zahl der Teilnehmer und nicht nur das, es kamen sogar Kinder von eingeladenen Eltern und Eltern von eingeladenen Kindern mit zu der Veranstaltung, die deutlich den Charakter einer reinen Informationsveranstaltung hatte und bis heute hat.

> „Eine Informationsveranstaltung dauert in der Regel zwischen 45 und 90 Minuten. Die Teilnehmerinnen und Teilnehmer erhalten umfangreiche Informationen zu einem in der Einladung beschriebenen Thema, es können Erfahrungen geschildert - und Fragen gestellt werden. Es wird nichts verkauft und Produktlösungen werden allenfalls zur Verdeutlichung herangezogen."

Etwa 18 Monate nach dem Start erhält Bernd zahlreiche und vor allem qualifizierte Empfehlungen aus seinem Kundenkreis und über sein Social-Media-Profil.

Seine Gesprächspartner nehmen Bezug auf die Inhalte der Veranstaltung oder die Einladung, falls sie nicht teilnehmen konnten, denn die Einladung liefert in vielen Fällen bereits den ersten wertvollen Impuls.

Inzwischen hat Bernd seinen Kundenbestand vergrößert, seine Cross-Selling-Quote erhöht, sein Einkommen gesteigert und gilt in der Region als anerkannter Experte zum Thema „generationsübergreifende Finanzberatung".

1.3 Clara aus Chemnitz

> „Die Gießkanne hilft nur im Garten."

Clara hat bereits während der Oberschulzeit zahlreiche Jobs gehabt, die meistens mit Menschen zu tun hatten. Tatsächlich waren auch Gastronomie-Jobs und Tätigkeiten auf unterschiedlichen Messen Teil ihrer Entwicklung.

Auf einer der zahlreichen Immobilienmessen ging Clara im wahrsten Sinne des Wortes ein Licht auf. Ein Messeteilnehmer kam an ihren Stand und fragte, was es hier Schönes gäbe. Clara antwortete mit einer Menge auswendiggelernter Fakten und im Anschluss packte sie alle verfügbaren Unterlagen in einen Beutel und gab diese dem Interessenten.

Dieser ward nie wieder gesehen.

Mehrere Jahre später, Clara hatte sich inzwischen an der Immobilien-Akademie zur Immobilienmaklerin ausbilden lassen, erfuhr sie, dass das wahllose Verteilen von Exposees, Flyern und Factsheets unter Profis als „Exposee-Weitwurf" beschrieben wird.

Eine echte Beratungsquote ist in diesen Fällen nicht zu ermitteln und einen seriösen Eindruck vermittelt der Absender ebenfalls nicht.

Doch kurz zurückgeblendet zu Claras erhellendem Messegespräch. Es erschien ihr damals sinnvoll, statt 40 Besuchern im Minutentakt immer dasselbe zu erzählen, nur mit 8 Interessenten über den Tag verteilt tiefgründige, bedarfsgerechte Gespräche zu führen.

Clara (Achtung neudeutsch) verschriftlichte Ihren Fragenkatalog und legte damit die Schrittfolge Ihres Gespräches fest, ohne dabei auf die nötige Flexibilität zu verzichten.

- Sie wollen eine Immobilie als Kapitalanlage erwerben?
- Welchen zeitlichen Rahmen haben Sie sich bei diesem Projekt gesteckt?

Welche Vorstellungen haben Sie aktuell mit Blick auf die folgenden Parameter:

- Neu- bzw. Sanierungsbau oder Bestandsimmobilie?
- Tilgung oder Cashflow?
- Exit oder halten?
- Höhe des geplanten Investments?
- Höhe des einzubringenden Eigenkapitals?

Clara geht diese Gesprächscheckliste inzwischen bei allen Anlässen, bei denen der kundenorientierte Informationstransfer im Vordergrund steht im Kopf durch, bei Ihrem Aufgabengebiet sind dies:

- Immobilienkundenmessen
- Kundenveranstaltungen
- Impulsvorträge in den Regionen
- Kundenberatung „face to face" und online
- Bauträger-Roadshows

1.4 Dieter aus Duisburg

„Ein Immobilien-Investment ist nicht für jeden eine passende Lösung, jedoch für mehr Menschen als gedacht."

Dieters Berufsabschluss lautet Kaufmann für Versicherungen und Finanzen, er hat diesen Beruf drei Jahre im Rahmen einer dualen Berufsausbildung erlernt.

Nach der Ausbildung hat Dieter den Arbeitgeber gewechselt und ist dort aufgrund eines katastrophalen Onboarding-Prozesses nicht glücklich geworden. Nach einem erneuten Arbeitgeberwechsel ist Dieter beruflich angekommen.

Aus eigenem Interesse und persönlicher Überzeugung moderiert Dieter bei ausgesuchten Kunden das Thema fremdgenutzte Wohnung als Kapitalanlage an und stellt den Kontakt zwischen Interessenten und dem Immobilien-Spezialist her.

Inzwischen haben nahezu alle Finanzvertriebe und sogar zahlreiche Versicherungsgesellschaften ein Kundenbeziehungsmanagement und einen passenden Datenerhebungsbogen. Dort wird häufig die Frage gestellt:

- Planen Sie in den kommenden Jahren den Erwerb einer Immobilie?

In den meisten Fällen zielt diese Frage darauf ab, dem Kunden eine Finanzierungslösung für den Erwerb seines Eigenheims anzutragen. Ein allumfassend beratender Ansprechpartner vertieft hier sinnvollerweise mit der Nachfrage:

- Könnte der Erwerb einer fremdgenutzten Immobilie als Kapitalanlage aus heutiger Sicht ein für Sie passender Vermögensbaustein werden?

Tatsächlich kommt aktuell nicht jeder Haushalt für den Erwerb einer Kapitalanlage-Immobilie in Betracht, dennoch ist es sinnvoll, eine Vielzahl der eigenen Kunden im Sinne einer strategischen Anlageberatung mit der Überschrift „Vermögensaufbau und Vermögensschutz" zu informieren.

Einen idealen Rahmen für diese Fragestellung bietet das Erstgespräch. Übernimmt man einen Bestand, so wie Dieter, kann es das Kernlerngespräch oder der jährliche Finanz- und Versicherungscheck sein.

Möchte man etwas stärker in der Immobilienvermittlung aktiv werden, ist eine Selektion der Bestandskunden sinnvoll. Dieter hat die folgenden Selektionsmerkmale als hilfreich identifiziert:

- Kunden, die den Höchstbeitrag in der betrieblichen Altersversorgung ausnutzen
- Kunden mit privater Krankenvollkostenversicherung

- Kunden mit einer eigenen Wohngebäudeversicherung
- Kunden mit einer Kfz-Versicherung ab 2000 € Jahresprämie
- Kunden ab 1000 € monatlichen Vorsorgebeiträgen
- Kunden mit einem Bruttohaushaltseinkommen ab 70.000 €
- Kunden mit Vermögenswerten ab 100.000 €

Merksatz: Die Ansprache erfolgt grundsätzlich telefonisch, denn es gilt: „Willst Du es erledigen? Ruf an!"

In vielen Fällen gibt es umfangreiche Bedenken, Einwände und Vorwände.

Durch eine geeignete Fragestellung kann ermittelt werden, ob es sich um einen behandelbaren Einwand handelt oder um einen möglicherweise von Angst getriebenen Vorwand.

Wie es schon mehrere Kollegen auf den Punkt gebracht haben, wir schulden eine Beratung auf hohem Niveau.

Eine auf den ersten Blick „zu junge" Familie könnte durch eine Erbschaft oder ähnliches über ein hohes Eigenkapital verfügen. In den meisten Fällen ist das nicht der Fall, aber in wenigen Jahren passt es möglicherweise.

Ein weitverbreiteter Irrtum vieler Kunden besteht darin, erst das Eigenheim realisieren zu müssen. Eine finanzierte Kapitalanlage-Immobilie behindert den Erwerb einer selbst genutzten Immobilie nicht. Es muss nur sichergestellt werden, dass immer genügend Eigenkapital zum Abdecken der Erwerbsnebenkosten zur Verfügung steht.

In jedem Versicherungsbestand gibt es Kunden, die anstehende hohe Rückkaufswerte in Kapitallebensversicherungen vor der Inflation schützen müssen oder ihre Auszahlungen nicht in die Wiederanlage geben wollen.

Zusätzliche Impulse erhöhen die Kommunikationsdichte im Kundenbestand, erweitern das Potenzial für Empfehlungen, verstärken das Cross-Selling und ein gutgemachter Immobilien-Newsletter sorgt für zusätzliche Einnahmen.

Dieters Fazit lautet: „Selektiere Deinen Bestand und informiere jeden."

2 Struktur

Im Vertrieb ist es üblich, im Rahmen eines Onboardings, früher hieß das Einarbeitung, einen Gesprächsleitfaden zu erlernen. Dieser hilft Anfängern, sich zu orientieren und alle nötigen Informationen zu transportieren. Das Beratungsschema ist eine Hilfe, darf aber nicht vom Gesprächspartner und seinen Bedürfnissen ablenken. Erfahrende Berater behalten den roten Faden im Blick und entwickeln eine ganz persönliche Form der Beratung.

2.1 Emil aus Essen

„Eine klare Gesprächsgliederung sichert vollständigen Input."

Emil hat in den vergangenen Jahrzehnten zahlreiche Kapitalanlagen platziert. Er beschreibt sich selbst als einen der schlechtesten Verkäufer des Planeten und begründet dies damit, dass er sein Gegenüber keinesfalls „volltexten" will, respektive kann.

Emil hat Spaß an Menschen, die sich tatsächlich für das Immobilienthema interessieren. Nach der erfolgten Aufwärmphase holt er sich die Genehmigung seines Gesprächspartners ein, die Umsetzung eines Bauprojektes grundsätzlich zu be-

Ergänzende Information Die elektronische Version dieses Kapitels enthält Zusatzmaterial, auf das über folgenden Link zugegriffen werden kann [https://doi.org/10.1007/978-3-658-51755-7_2].

S. Reuter, *Erfolgreiche Beratung und Verkauf im Immobilienvertrieb*, essentials,
https://doi.org/10.1007/978-3-658-51755-7_2

schreiben. Emil liebt Transparenz, würde man seine Beratungsmethode fachlich einordnen wollen, kommt diese dem Storytelling sehr nahe.

> „Eine Erzählmethode, die Informationen in Form von Geschichten vermittelt. Dadurch werden Emotionen geweckt und Inhalte nachhaltig im Gedächtnis gespeichert.“

Jede Projektentwicklung beginnt mit der Auswahl des Grundstücks. Die Standortanalyse ist Grundlage jedes Bauträger- und Objektprüfungsprozesses. Abhängig von der später zu errichtenden Immobilienart und deren Mieterzielgruppe, werden der Makro- und der Mikrostandort im Hinblick auf zahlreiche Rahmendaten bemessen.

Es werden unter anderem Daten zu den Themen

- Bevölkerungswachstum,
- Kaufkraftüberschuss,
- Altersquotient,
- Leerstandsquote,
- Wohneigentumsquote,
- Branchenvielfalt im Arbeitsmarkt,
- Wohnungsmarkt: Kaufpreise und Mieten,

gewonnen und ausgewertet, um den Makrostandort einzuordnen.

Der Mikrostandort macht die Lebensqualität für die Bewohner der Wohnungen transparent. Abhängig von den Wohnungsgrößen sind es hier u. a. Informationen wie die Nähe

- zum öffentlichen Nahverkehr,
- zu Geschäften des täglichen Bedarfs,
- zu möglichen Arbeitgebern,
- zu ärztlicher Versorgung, dem nächsten Kindergarten oder der Grundschule,
- zu Naherholungsgebieten.

Hinzu kommen Daten zu Mietpreisen und der regionalen Bevölkerungsstruktur.

Emil arbeitet sehr gern mit Flyern, die Auskunft zum Standort des möglichen Investitionsobjektes geben.

Ein zweiter wesentlicher Erfolgsfaktor ist der Bauträger, seine umfangreiche Prüfung klärt wichtige Rahmendaten und identifiziert besondere Stärken. Abbildung (B) befindet sich im ESM, sie zeigt die Gliederung einer Bauträger-Bewertung und macht deutlich, welche Informationen besonderes Augenmerk erhalten.

Der Track Record eines auf Neu- und Sanierungsbauten spezialisierten Bauträgers beantwortet Interessenten insbesondere Fragen zur pünktlichen Fertigstellung der Objekte und zu erfüllten Mietprognosen.

Oft benötigen Interessenten gerade in diesem Segment zusätzliche Informationen.

Emil stellt seinen Gesprächspartnern häufig Image-Broschüren des Bauträgers oder Referenzbücher zur Verfügung.

Die Hausverwaltung ist ein unterschätzter Erfolgsfaktor. Sobald der Bauträger die Wohnung übergeben hat, entscheidet ein professionelles Mietmanagement zum großen Teil über den Erfolg der Kapitalanlageimmobilie. Einerseits gilt es den maximal möglichen Mietertrag für die Eigentümer zu erwirtschaften, andererseits ist ein gutes Verhältnis der Mieter zur Verwaltung ein wichtiger Aspekt. Eine grundsätzliche Voraussetzung für ein erfolgreiches Mietmanagement ist die Kommunikation auf Augenhöhe. Hinzu kommen Sauberkeit und Pflege des Objektes, wie beispielsweise gleiche Schrifttypen auf allen Klingelschildern und der Briefkastenanlage, ebenso die schnelle Entfernung von Graffiti auf den Hauswänden und Reparaturen im Gemeinschaftseigentum.

Neben der Betreuung der aktuellen Bewohner müssen die Verantwortlichen befähigt sein, mögliche Mietnomaden zu erkennen und diese auszusortieren.

Nachdem Emil gemeinsam mit den Erwerbsinteressenten die Standortanalyse und den Bauträger inkl. Verwaltungskonzept besprochen und bewertet hat, stellt er nun ein konkretes Objekt vor und – ja, es wäre nicht Emil, wenn er für diesen Zweck nicht einen dritten Flyer zur Verfügung stellen würde, den Objektflyer.

Der Objektflyer geht auf die Aufteilung des Gebäudes ein, die Anzahl der Wohnungen und jeweiligen Zimmer, die Ausstattung inkl. Mustergrundrissen, die Bauausführung und das Energiekonzept.

Diese weitreichende Transparenz beantwortet im Vorfeld vielfältige Fragen.

Zahlreiche Bauträger stellen insbesondere zu Neu- und Sanierungsbauten Bautenstandsberichte zur Verfügung, diese dokumentieren u. a. das TÜV-Baucontrolling, so wie die Checkheftpflege eines Autos. Dieses Vorgehen ist hilfreich bei einem späteren Exit des Eigentümers, um den Wiederverkaufspreis und damit die Wertsteigerung zu untermauern.

Ein Satz Bautenstandsberichte eines bereits fertiggestellten Objektes stärkt die Sicherheit des Kaufinteressierten.

Nachdem Emil diesen kurzen Überblick geliefert hat, beantwortet er mögliche allgemeine Fragen und ermittelt anschließend zusammen mit dem Interessenten dessen Bedarf.

Im Rahmen eines zeitnahen Folgetermins bereitet Emil passende Immobilienlösungen inkl. Musterberechnungen auf.

2.2 Franz aus Frankfurt

„Stump ist Trumpf: Kunden, die mehr wissen wollen, stellen die passenden Fragen."

Franz eröffnet sein Gespräch tatsächlich deutlich flacher, denn er ist begeistert von der vielfältigen Wirkung der Inflation auf Immobilieninvestitionen.

Gern stellt Franz den Zusammenhang zwischen Sachwert und Geldwert vereinfacht als Wippe dar. Diese sehr einfache Darstellung (siehe Abbildung (C) im ESM) ist für viele Gesprächspartner verdeutlichend.

„Inflation ist ein Begriff aus der Volkswirtschaftslehre und bezeichnet ursprünglich den Anstieg des allgemeinen Preisniveaus, deshalb spricht man auch von Teuerungsrate. Steigen die Preise, bekommt man weniger Waren für denselben Geldbetrag, so wird durch die Inflationsrate der Kaufkraftverlust von Geldwerten erkennbar."

Nachdem Franz die Wirkungsweise der Inflation verdeutlicht hat, beziffert er diese zusammen mit dem Interessenten. Auf diese Weise können bestehende Sparverträge gemeinsam bewertet werden. Es gibt regelmäßig Kunden, die sog. Termfix-Verträge besparen, die zu einem vertraglich vereinbarten Zeitpunkt zwingend einen Geldwert auszahlen. Dieser Geldwert verliert jedoch während des Ansparens einen teilweise großen Teil seiner Kaufkraft. Sinnvoll kann die Einarbeitung dieser Verträge als Tilgungssurrogat in ein ganzheitliches Finanzierungskonzept sein.

„Finanzmathematisch berechnet sich die prozentuale Preissteigerung aus dem Verbraucherpreisindex VPI_1 des ersten Jahres und dem Verbraucherpreisindex VPI_2 des letzten Jahres nach der folgenden Formel: $P = (VPI_2/VPI_1 - 1) * 100$."

In der täglichen Erklärung einfacher ist eine Inflationstabelle, diese verdeutlicht auf eindrucksvolle, teils schockierende Weise, welche Kaufkraft beispielsweise 100.000 € nach 10 bzw. 20 Jahren haben, unterstellt wird eine gleichbleibende Inflationsrate in Höhe von 2 % jährlich, dem erklärten EZB-Ziel. Es folgt ein Auszug aus der Inflationstabelle:

Startwert 100.000 €	nach 10 Jahren	nach 20 Jahren
bei 2,0 % Inflation	82.035 €	67.297 €
bei 2,5 % Inflation	78.120 €	61.027 €

Die Kraft der Inflation ist für Immobilienerwerber, die größtenteils mit Fremdmitteln finanzieren, in zweifacher Hinsicht attraktiv.

Einerseits kann man ohne echte Wert- und Mietsteigerung, die den Effekt deutlich verstärkt, analog zum Wippenbild den Kaufkraftverlust der Geldwährung als Sachwertgewinn beziffern.

Andererseits „entschuldet" die Inflation den Erwerber in seiner Eigenschaft als Darlehensnehmer, denn das Immobiliardarlehen ist ebenfalls ein Geldwert, der durch den Kaufkraftverlust reduziert wird.

An dieser Stelle des Gespräches wünschen sich die Interessenten in den meisten Fällen eine konkrete Berechnung. Um diese zu erstellen, müssen zahlreiche Rahmendaten geklärt werden. Franz nutzt, wie viele seiner Berufskollegen, die bereits von Clara beschriebene Schrittfolge.

2.3 Gerd aus Göttingen

„Gewohnt wird immer."

Gerd wählt in seinem Erstgespräch einen Ansatz, der sich mit Angebot und Nachfrage beschäftigt. Zu diesem Zweck hat er sich unterschiedliche Statistiken ausgedruckt, die er seinen Kunden gern überlässt oder als kleine Mappe digital zur Verfügung stellt.

Die Abbildung (D) im ESM verdeutlichet den aufaddierten Fehlbestand Wohnungsneubauten, erstellt aus Daten ZIA, EMPIRICA, PESTEL INSTITUT, BAMF und SOEP.

In Deutschland fehlen Wohnungen

> „Laut des Zentralen Immobilien Ausschusses werden in Deutschland bis zum Jahr 2025 720.000 Wohnungen fehlen. Im Jahr 2027 wird der Fehlbetrag auf 830.000 Wohnungen geschätzt."

Die Bevölkerung nimmt ab und wird im Durchschnitt älter.

Duch den medizinischen Fortschritt werden die Menschen immer älter und wohnen tatsächlich länger selbstbestimmt. Dies steigert den Bedarf an barrierefreien Wohnungen. Die erhöhte Langlebigkeit führt auch zu einem längeren Leben mit einem Pflegebedarf oder sogar in einer Pflege-Residenz.

Der Anteil der Ü 60 an der Gesamtbevölkerung steigt bis 2060 um fast 12 % auf fast 40 % der deutschen Gesamtbevölkerung. Die Abbildung (E) im ESM verbildlicht die Bevölkerungsentwicklung und Altersstruktur Deutschlands laut Bundeszentrale für Politische Bildung.

Der Erwerb von Wohnungen in A-Lagen wird zunehmend schwer. Aus finanziellen Gründen weichen Erwerber, insbesondere Eigennutzer, inzwischen auf ländliche Gebiete aus und nehmen längere Fahrtzeiten in Kauf. Kapitalanleger erfreuen sich an Wertentwicklungen in ausgesuchten Lagen. Insbesondere Regionen mit starkem Zuzug und niedriger Wohneigentumsquote bieten sich zum Investieren an.

Der Wohnungsleerstand in Ballungsgebieten mit prosperierendem Arbeitsmarkt und einer stabilen Branchenvielfalt geht gegen Null, dadurch steigen die Mieten.

Wohnen bleibt ein Sicherheitsbedürfnis. Die „eigenen vier Wände" gemietet oder als Wohneigentum bieten längerfristig den Rahmen für jedwede soziale Interaktion.

2.4 Holger aus Hiddensee

„Täglich informieren, sichert regelmäßige Erfolge."

Holger hat tatsächlich zwei Berufe, die er mit voller Überzeugung auslebt. Einerseits ist er als Finanzberater tätig, mit einer Anbindung an eine große Plattform hat er für seine Kunden Zugriff auf Versicherungen und Geldanlageprodukte. Die Immobilienlösungen hat er sich über einen Spezialvertrieb erschlossen. Anderseits ist Holger Landwirt, er hat vor einigen Jahren den elterlichen Bauernhof übernommen. Manche Tätigkeiten führt er selbst aus, andere werden von seinen Mitarbeitern übernommen.

Im Gespräch mit Holger kommt es immer wieder zu Vergleichen mit der Natur. Holger hat eine im wahrsten Sinne des Wortes bodenständige Arbeitsweise, er ist davon überzeugt, dass jeder Mensch ein vollumfängliches Gespräch mit ihm zu allen Chancen und Risiken von Kapitalanlageimmobilien verdient hat.

Die Chancen sind allgemein bekannt:

- Wert- und Mietersteigerungen
- Steuerliche Vorteile und staatliche Förderungen
- Inflationsschutz

Die Risiken werden durch einen umfangreichen Prüfprozess erkennbar und bewertet. Die Einhaltung der sogenannten Erfolgsfaktoren bilden ein enges Korsett um das jeweilige Immobilien-Investment und erhöhen so die Sicherheit.

Holger arbeitet als Landwirt an sieben Tagen in der Woche und hat sich diesen Rhythmus auch in seiner Immobilienberatung zu eigen gemacht. Er berät pro Woche sieben Menschen zu Kapitalanlageimmobilien. Ähnlich wie bei Bernd sind am Ende des Gespräches die folgenden Fragen geklärt.

1. Eine Investition in eine fremdgenutzte Immobilie ist grundsätzlich interessant?
   - Ja
   - Nein
   - Vielleicht
2. Die folgende/n Immobilienart/en werden bevorzugt:
   - Bestandsimmobilien
   - Neubauwohnungen
   - Wohnimmobilie im Denkmalschutz oder Sanierungsgebiet
   - Betreiber- bzw. Konzeptimmobilien
3. Die gewünschte Höhe des Investments liegt bei ca. … Euro.

Die wenigsten Gesprächspartner reservieren beim Erstgespräch eine Immobilie, ein solcher Plan muss bei den Kunden reifen. Viele von ihnen wussten vor dem Gespräch noch nicht einmal, dass ein solches Investment inkl. der passenden Finanzierung für sie zu realisieren sei.

Holger weiß als Bauer mit den vorhandenen Ressourcen passend umzugehen. Nachhaltig wirtschaften bedeutet in der Landwirtschaft beispielsweise „rotierender Ackerbau". Deshalb holt Holger sich nach jedem Gespräch die Genehmigung, den Kunden in einen Newsletter aufzunehmen, auch dieser hat vielfältige Funktionen und spricht Interessierte immer wieder mit neuen Informationen an. Ein guter Newsletter:

- hält den Kontakt zwischen Holger und seinen Interessenten aufrecht,
- lädt ein zu Standorttagen, Richtfesten und Wohnungsübergaben von Bauträgern,
- kündigt Objekte an, die neu in den Vertrieb kommen,
- bietet regionale Kundenabende und Onlineveranstaltungen für Interessierte.

Die vertriebliche Steigerung eines Newsletters ist die WhatsApp-Gruppe des Beraters. Konkreter die WhatsApp-Gruppen eines Beraters. Holger hat seine Interessenten geordnet nach Immobilienart und der Höhe des gewünschten Investments. Sobald ein passendes Objekt in den Vertrieb kommt, informiert er seine Kunden und ein paar Multiplikatoren, mit denen er zusammenarbeitet, diesen ermöglicht er den Zugang zur Presales-Liste. Interessenten melden sich entweder zu einer konkreten Wohnung oder grundsätzlich zum Bauvorhaben.

Kunden, die die Chance der Vorab-Reservierung nicht genutzt haben bzw. nutzen konnten, bietet Holger im Laufe des Platzierungsprozesses reservierbare

Wohnungen an. Objekte auf dem Niveau wie Holger sie anbietet sind rar, trotzdem muss er einen Spagat zwischen Beharrlichkeit und Aufdringlichkeit überwinden. Die Kunst besteht darin, die Wohnungen mit Bezug auf deren Eigenschaften anzubieten:

- Anzahl der Zimmer
- Zusätzliche Fahrradgarage direkt an der Wohnung
- Schöner Ausblick
- Besonders sonnig
- Carsharing-Station im Gebäude
- Besonderes Energiekonzept

In der Abbildung (F) im ESM wird der Bedarf einer Pflanze dargestellt. Bei der Aussaat bzw. beim Einpflanzen benötigt sie Wasser und Licht, sobald die Pflanze wächst, benötigt sie mehr Nährstoffe und später mehr Boden für den Wurzelballen.

Holger ist auch Obstbauer, deshalb weiß er um den richtigen Zeitpunkt, wann beispielsweise ein Obst reif ist. Zu früh gepflückt, hat sich das Aroma nicht optimal entfaltet und zu lange gewartet, ist die Frucht vom Baum gefallen. Auf die Kundenberatung fasst es Holger vereinfacht zusammen: „Du musst erstmal alle informieren, das entspricht der Aussaat. Anschließend bietest Du Wasser, Licht, Boden und Dünger, das sind die regelmäßigen Updates auf kundenorientierten Kanälen."

Sobald es passt, gibt der Interessent ein Zeichen.

2.5 Ilka aus Ingolstadt

„Ein Fahrplan sorgt für Sicherheit."

Tatsächlich gibt es zahlreiche Menschen, die gerne einen Plan von etwas haben. Dieser Plan kann eine Art roter Faden sein oder ein bereits detaillierter Ablauf der Dinge, die in Zukunft stattfinden sollen.

Da Laura diesbezüglich später weitere Hinweise gibt, nur dies vorab: Planbar ist die zur Erreichung eines Ziels nötige Aktivität. Da passt der Beratungseinstieg von Ilka für viele Gesprächspartner. Ilka hat ihr Berufsleben als Lokomotivführerin begonnen und hat sich als ihr erstes Kind geboren wurde nach einem Beruf umgesehen, der es ihr erlaubt, am Abend zu Hause bei ihrer Familie zu sein. Da sie schon damals zahlreiche Menschen zu verschiedenen Dingen um Rat gefragt haben, wechselte Ilka in die Finanzberatung und entwickelte hier eine starke Affinität zur Immobilienberatung.

Sie hat die Erfahrung gemacht, dass es dem Gesprächspartner Sicherheit gibt, eine Art Fahrplan zu besprechen immer mit der Maßgabe „Alles kann, nichts muss.“ Dieser Fahrplan ist in Abbildung (G) im ESM gut erkennbar.

Im Rahmen der Bedarfsermittlung gilt es die möglichen Zielsetzungen eines Immobilienerwerbs zu erörtern und anschließend zu definieren. Dies kann der Vermögensauf- bzw. -ausbau, die persönliche Ruhestandsplanung oder die geplante Vermögensübertragung sein.

Im Anschluss werden die für den Gesprächspartner wichtigen Erwerbsmotive herausgearbeitet. Dies können Steuerersparnisse durch Abschreibungen, staatliche Förderungen durch nachhaltiges Bauen und ein wirtschaftliches Energiekonzept sein. Hinzu kommen Miet- und Wertsteigerungen als weitere erwerbsfördernde Eigenschaften von Kapitalanlageimmobilien.

Der dritte Aspekt der Bedarfsermittlung ist die wirtschaftliche Umsetzbarkeit, hier werden die finanziellen Rahmenbedingungen des Interessenten in die Höhe des zu realisierenden Erwerbs übersetzt. Durch die mögliche Losgröße kann die Auswahl der in Betracht kommenden Immobilienarten mitbestimmt werden.

Auf Grundlage der bis zu diesem Punkt besprochenen Prioritäten und Möglichkeiten, gibt Ilka einen Überblick über die verschiedenen Immobilienarten, sowie deren Stärken und Schwächen.

Die Bedarfsermittlung schließt mit einem Suchauftrag. Passende Objekte werden für die Interessenten aufbereitet und in einem Folgetermin präsentiert.

Die nächste Station ist die Objektauswahl. Ilka sucht aus ihrem zertifizierten Produkt-Portfolio geeignete Immobilien-Lösungen heraus und bereitet die jeweiligen Erfolgsfaktoren je Wohnung vor. Konkret geht sie auf den Makro- und Mikrostandort ein, gibt Informationen zum Bauträger und dem Vermietungskonzept, sowie Bauweise, Aufteilung und Ausstattung.

Zu jeder dargestellten Wohnung erstellt Ilka eine individuelle Immobilienberechnung und geht diese im Detail mit den Interessenten durch.

Nach der Beantwortung aller bis dahin aufgetretenen Fragen heißt es: Entscheiden und Reservieren.

Wie beschrieben, bei Ilka gilt: „… nichts muss.“ Macht der Bauch beim Reservieren nicht mit, wird der Prozess unterbrochen und die Interessenten tragen sich für den Newsletter ein. Für die meisten Gesprächspartner geht es weiter, es wird ein Termin vereinbart, um mögliche Finanzierungskonzepte abzuwägen. Die für die Erstellung der Finanzierungsakte nötigen Unterlagen übermitteln die Kunden meistens per E-Mail oder Upload-Link.

Die dritte Station trägt den Titel Finanzierung. Ilka erörtert mit ihrem Kunden die möglichen Förderprogramme für die ausgewählte Immobilie und deren Auswirkung. Niedrige Zinsen und höhere Tilgung führen in vielen Fällen zu einer höheren monatlichen Zuzahlung, da die Zinsen steuerlich abzugsfähig sind, dieser Summand sich in der Immobilienberechnung jedoch verringert. Zusätzliche Tilgungszuschüsse sind in den meisten Fällen umfangreich, sodass es sich lohnt, Fördermittel in Anspruch zu nehmen.

Die Zielsetzung des Erwerbsinteressenten spiegelt sich im Finanzierungskonzept komplex wider, dass es im Folgenden nur umrissen wird. Die beiden Extreme im Spektrum könnten kurz und stark vereinfacht wie folgt beschrieben werden:

Möglichst wenig Kapitaleinsatz, geregelter Exit und die steuerfreie Vereinnahmung der Wertsteigerung nach Ablauf der gesetzlichen Haltefrist.

Zeitnahe Tilgung des Kapitaldienstes, um mit diesem Vermögensbaustein lebenslang Mieteinnahmen zu erwirtschaften und die Wohnung später vererben zu können. In diesem Fall können mehrere Hundert Euro monatlich nötig sein. Zahlreiche Motive für den Erwerb einer Kapitalanlageimmobilie werden zusätzlich befriedigt.

Ilka gibt ihren Gesprächspartnern regelmäßig einen Überblick zur Einordnung der aktuellen Konditionen und, soweit möglich, einen Ausblick. Tatsächlich gibt es einen weit verbreiteten Reflex, auf bessere Zeiten warten zu wollen, getreu dem Motto: Ok, dann warten wir noch bis

- die Zinsen wieder gefallen sind,
- die Preise gefallen sind,
- die Inflation wieder oben ist.

Tatsächlich muss Ilka diesen Interessenten fachlich in der Sache und beharrlich für den Kunden deutlich machen, dass es keinen idealen Zeitpunkt für einen Erwerb gibt. Der passende Zeitpunkt rein theoretischer Natur ist heute.

Ilka ist inzwischen seit einigen Jahrzehnten erfolgreiche Beraterin und hat mehreren hundert Kunden zu einem Erwerb verholfen, sie alle freuen sich im Hinblick auf die jeweils aktuellen Ereignisse „damals“ erworben zu haben.

Nachdem das passende Finanzierungskonzept abgestimmt wurde, vereinbaren Ilka und ihre Kunden den Besichtigungstermin. Dieser ist optional, wird jedoch jedem Kunden und jedem Berater angeraten, da er das Immobilien-Investment im wahrsten Sinne des Wortes begreifbar macht.

Die Gründe für die Auswahl des pulsierenden Makrostandortes und die Wohlfühlfaktoren des Mikrostandortes werden erkennbar. Tatsächlich geht es darum, den Erwerbsinteressenten im besten Fall fußläufig spüren zu lassen, dass die Wohnung einen regionalen Bedarf deckt und die Mieter sich wohlfühlen werden.

Ist der Bauträger regional aktiv, kann der Besuch einer Musterwohnung zusätzliche Klarheit über die Arbeitsweise und die Ausstattung des zu erwerbenden Objektes geben.

Der Erwerb einer Immobilie erfolgt in Deutschland gesetzlich vorgeschrieben ausschließlich in Form einer sogenannten notariellen Verkaufsverhandlung, dem Notartermin. Damit dieser Notartermin erfolgen kann, erhalten die Erwerber mindestens 14 Tage vor der geplanten Beurkundung den Kaufvertrag inklusive der Teilungserklärung und aller Nachträge. In jedem Fall sind die Formulierungen für Nichtjuristen zumindest in Teilen sehr anspruchsvoll. Ilka verabredet sich nach dem Zugang der Vertragsunterlagen mit ihren Kunden, um alle möglichen Fragen zu beantworten. Analog zu Rüdigers späterer Beschreibung haben beispielsweise ein Ehemann und eine Ehefrau unterschiedliche Fragen und Bedenken, die alle vollständig geklärt werden müssen.

Erst wenn alle nötigen Informationen zur Verfügung gestellt wurden, findet der Notartermin statt, zu dem Ilka ihre Kunden immer begleitet. Nach erfolgten Unterschriften überreicht Ilka eine „Flasche vom besonders Guten“ oder einen zuvor im Notariat abgegebenen Blumenstrauß.

Nach dem notariellen Erwerb beginnt die Phase des After-Sales, diese zeichnet sich durch umfangreichen Service aus, da die Erwerber in den kommenden Wochen und Monaten Briefe und Rechnungen erhalten, zu deren Einordnung sie mal mehr, mal weniger Unterstützung benötigen.

Ein kurzer Nachtrag: Die Vertragsunterlagen werden vom beurkundenden Notariat an die Kunden versandt, der dafür nötige Impuls ist der Zugang des Notardatenblattes. Häufig benötigen Banken im Rahmen des Genehmigungsprozesses einen personalisierten Kaufvertrag, spätestens zu diesem Zeitpunkt muss das Beurkundungsverfahren angeschoben werden.

Ilka gibt ihren Gesprächspartnern von Beginn an hohe Sicherheit, sie zeigt mit Transparenz die einzelnen Prozessschritte und deren Status auf – und ausgestiegen kann, wie erwähnt, jederzeit.

2.6 Jochen aus Jüterbog

„Bewährtes bewahren.“

Jochen ist ganz „Old School“, er setzt seit Jahren erfolgreich seine Unterlagen in Form einer laminierten Beratungsmappe ein. Das liegt einerseits daran, dass er schon ewig Kapitalanlageimmobilien verkauft und andererseits daran, dass es für ihn und seine Gesprächspartner so passt.

Durch seine lange und erfolgreiche Tätigkeit als Berater kennt Jochen nahezu jede mögliche Kundenfrage und zahlreiche Einwände. Er wirkt ein wenig kauzig, wenn er die passende Folie aus seinem Repertoire heraussucht und da jeder Berater die Kunden hat, die zu ihm passen und umgekehrt fühlen sich Jochens Kunden gut abgeholt.

Tatsächlich bleibt es jedem Berater selbst überlassen, wie er seinen Gesprächspartnern die wichtigsten Informationen aufbereitet und natürlich zeigt Jochen nicht jedem Kunden seinen gesamten Folienschatz, ausnahmsweise hat er einige markante Überschriften für unser Essential zur Verfügung gestellt.

Marktüberblick: Deutschlandweit fehlen regelmäßig mehrere Hunderttausend Wohnungen. Diese Lücke lässt sich nur mit privatem Kapital, das in den Neu- oder Sanierungsbau investiert wird, schließen. Durch diese neu errichteten Immobilien wird der Druck vom Wohnungsmarkt, sprich den bereits bestehenden Wohnungen, genommen. In der Tat gibt es regionale Werte, die den Druck auf den jeweiligen Wohnungsmarkt transparent machen. Dies ist beispielsweise die *Leerstandsquote*, die um 3 % betragen sollte, liegt diese in einer Marktbetrachtung unterhalb dieses Wertes ist der regionale Wohnungsmarkt unter Druck. Hinzu kommen Betrachtungen zur *Bevölkerungswanderung*, dem regionalen *Arbeitsmarkt*, und der Branchenvielfalt in einem Forecast für mindestens zehn, besser 15 Jahre.

Fazit
Der Immobilienerwerb in einem ausgewiesenen Wachstumsstandort ermöglicht Miet- und Wertsteigerungen.

Die Frage nach dem richtigen Zeitpunkt für den Erwerb einer Immobilie kann erst im Nachhinein beantwortet werden. Mit dieser im Verkaufsprozess gestellten Frage bittet der Kunde den Berater um seine Einschätzung, ob die Kaufpreise möglicherweise in den kommenden Monaten fallen könnten. Da Jochen seine Angebotspalette an Immobilienlösungen sorgfältig ausgewählt hat, werden diese in Zukunft keinen Wertverlust erleiden.

Fazit
Für den Erwerb hochwertiger Immobilien ist tatsächlich immer der passende Zeitpunkt.

Grundsätzlich schätzen Kunden den geforderten Preis als zu hoch ein. Jochen stellt die aktuellen Herstellungskosten vereinfacht aufgeteilt in Personal- und Materialkosten dar. Da weltweit eher mehr als weniger gebaut wird, wächst die Nachfrage nach Baustoffen schneller als das Angebot gesteigert werden kann. Energetische

Auflagen durch die EU und unsere eigene Regierung erhöhen einerseits den Standard, anderseits die Baukosten. Die Personalkosten wachsen ebenfalls durch steigende Mindestlöhne für die Bauhelfer und einen sich ausdehnenden Engpass bei den erfahrenen Kräften, von denen viele in den kommenden Jahren in Rente gehen. Die verbleibenden Fachkräfte können sich die Arbeitsplätze mit höheren Löhnen aussuchen.

Fazit

Da die Baukosten in den kommenden Jahren steigen und die bebaubare Fläche nicht beliebig vervielfältigbar ist, werden Immobilienpreise ebenfalls steigen.

Jede Immobilienart hat Stärken und Schwächen. Bestehende Immobilien bieten Sofortmiete und erträgliche Abschreibungen durch Restwertgutachten. Neubauten realisieren einen hohen Gebäudestandard, ermöglichen hohe Abschreibungen und staatliche Förderungen. Denkmalgeschützte Immobilien bieten ebenfalls Abschreibungsmöglichkeiten und Förderungen durch die KfW (Kreditanstalt für Wiederaufbau), sowie ein historisches Flair. Betreiberimmobilien bieten Wohnraum beispielsweise für Studenten oder Senioren mit einem sorgsam ausgewählten Globalpächter sind sie ebenfalls eine großartige Investmentlösung. Die Auswahl der Immobilie ist häufig abhängig von der Höhe der geplanten Investition, die wirtschaftlichen Ergebnisse sind nach der Übergabe an den Erwerber im großen Masse messbar durch die Qualität der Verwaltung.

Fazit

Durch das leistungsstarke Mietermanagement einer gut organisierten Sondereigentums-verwaltung werden Miet- und Wertsteigerungen des jeweiligen Immobilien-Investments regelmäßig gesteigert.

Eine ähnlich aufbereitete Präsentation ist auch eine perfekte Grundlage für einen Online-Beratungstermin.

Wesentlich für den Erfolg ist es tatsächlich, nur die durchschnittlich fünf Fragen des Interessenten zu beantworten. Ansonsten gilt der in der Beratung beliebte Lehrsatz: „Löse mit Deinem dummen Geschwätz nicht Fragen beim Kunden aus, auf die er von allein nicht gekommen wäre.“ Damit wird nochmals die wesentliche Grundlage für langfristige Verkäufer-Käufer-Beziehungen deutlich: die sorgsame Auswahl des Produktes, – in unserem Fall die Bauträger- und Objektprüfung, – mit den bereits geschilderten Erfolgsfaktoren.

Ziele 3

Ziele beschreiben einen angestrebten zukünftigen Zustand. Er soll durch bewusstes Handeln in einem bestimmten Zeitraum erreicht werden. Ziele können selbst gewählt oder von anderen vorgegeben werden, sie betreffen vielfältige Lebensbereiche und sind oft privater oder beruflicher Natur. In der Immobilienberatung ist es eine entscheidende Aufgabe des Beraters, zusammen mit dem Interessenten dessen Ziele zu ergründen und die Frage zu beantworten ob und welche Immobilie die Erreichung dieses Ziels unterstützt.

3.1 Klaus aus Koblenz

„Vermögensaufbau verfolgt zwei wesentliche Ziele."

Klaus ist seit einigen Jahrzehnten erfolgreich in der Beratung und Platzierung von erklärungsbedürftigen Kapitalanlageprodukten. Angefangen hat er wie viele Kolleginnen und Kollegen in der Versicherungswirtschaft, zuerst als angestellte Führungskraft, anschließend als Versicherungsagentur. Der Vorzug, als Selbstständiger arbeiten zu können, ist auf den ersten Blick kaum erkennbar, deshalb beschreibt es Klaus wie folgt: „Wenn Du jeden Tag für Dein eigenes Einkommen verantwortlich bist, erreichen Dich die Folgen Deines Handelns schnell und direkt."

Ergänzende Information Die elektronische Version dieses Kapitels enthält Zusatzmaterial, auf das über folgenden Link zugegriffen werden kann [https://doi.org/10.1007/978-3-658-51755-7_3].

S. Reuter, *Erfolgreiche Beratung und Verkauf im Immobilienvertrieb*, essentials,
https://doi.org/10.1007/978-3-658-51755-7_3

Das fängt an beim eigenen Zeitmanagement über die Art der Kundenakquisition und -beratung bis hin zur Produktauswahl.

Klaus hat in seiner Agentur begeistert zur Altersversorgung beraten und auf ein breites Spektrum von Produktlösungen zugreifen können. Immer deutlicher wurden die Zielsetzungen, die seine Kunden mit dem Ansparen von Geld erreichen wollten.

Das Primärziel lautet einfach formuliert: ein ruhiges Leben im Alter. Tatsächlich wünschen sich viele Menschen im Alter, genau die Dinge zu tun, für die während des Arbeitslebens zu wenig Zeit zur Verfügung stand bzw. gestanden haben wird.

- Es sind verschiedene Reiseziele wie Fernreisen, Weltreisen, Rundreisen und Schiffsreisen, die genannt werden.
- Endlich Motorrad fahren, alternativ ist zu hören: mit dem Bully zum Glamping.
- Sich um die Enkel kümmern, für die Kinder war zu wenig Zeit.

Allen gemeinsam ist der Wunsch nach finanzieller Absicherung, sprich mit sicheren monatlichen Einnahmen ein sorgloses Leben zu führen.

Ein weiteres häufig genanntes Ziel lautet: „... und den Kindern etwas hinterlassen."

Klaus hat sich entsprechend weitergebildet und aufgestellt. Im Rahmen einer Weiterbildung zum Ruhestandsplaner, so heißt die Beratung für ein sorgloses Leben im Alter, hat er drei Einkünfte identifiziert, die lebenszeitlich unbegrenzt ausgezahlt werden:

- Echte Leibrenten aus dem Drei-Schichten-Modell.
- Gewinne aus Kapitalvermögen, aber nur die Gewinne.
- Mieteinnahmen aus fremdgenutzten Immobilien. Nicht dazu zählt die selbstbewohnte Immobilie.

Schaut man als Berater etwas über den Tellerrand, so stellt man fest, dass die gesetzliche Rentenversicherung notleidend ist und tatsächlich seit Jahrzehnten wachsende staatliche Zuschüsse aus Steuereinnahmen benötigt, um überschaubare Leistungen an die steigende Anzahl der Rentenberechtigten auszuschütten.

Unternehmen, die privatwirtschaftlich Rentenversicherungsverträge im Markt platzieren, leiden in vielen Fällen unter hohen Verwaltungskosten und einem gewissen Anlagenotstand, weil jeden Monat Sparbeiträge in Millionenhöhe von der Branche nach vorgegebenen Richtlinien investiert werden müssen.

Berufsständische Versorgungswerke eint eine Mischung oder deutlicher eine Kopplung der beiden zuvor genannten Aufgabenstellungen.

Die Anlage in Kapitalvermögen kann sinnvoll sein, jedoch hat Klaus für sich entschieden, dass für eine kundenorientierte Beratung derart viel Marktkenntnisse, täglicher Input und Wissen über volkswirtschaftliche Zusammenhänge nötig ist, dass er aus Verantwortung für seine Kunden deren Aufklärung und Auswahl an einen spezialisierten Kollegen outsourct. Hinzu kommt die mögliche Volatilität der ausgewählten Vermögenswerte, die zu regelmäßigen Telefonaten mit verunsicherten Kunden führen kann.

Ein für Klaus gut erklärbares Investment, das beide Ziele erreicht, ist die Kapitalanlage-Immobilie. Ja, sie ist nicht der Weisheit letzter Schluss und bei der Auswahl sind unterschiedliche Erfolgsfaktoren zu beachten, aber tatsächlich erhalten die Eigentümer lebenslang ihren Mietertrag und anschließend übernehmen die Kinder das Objekt.

Die Hinterbliebenen können das Objekt verkaufen und neu investieren oder sich an den laufenden Mieteinnahmen erfreuen.

Damit eine Vermögensübertragung wirtschaftlich passend ist und der Familienfrieden erhalten bleibt, sind unterschiedliche Konstruktionen möglich, die teilweise schon beim Erwerb der Immobilie umsetzbar sind. Klaus hat sich auf Familien mit einem derartigen Gestaltungsbedarf fokussiert und wird davon berichten.

3.2 Laura aus Lüneburg

„Sobald das Ziel klar ist, findet sich ein Weg …"

Laura hatte lange Zeit kein eigenes „Wozu". Als sie im Rahmen einer Weiterbildung ein klares Bild von ihrer Zukunft gewonnen hat, stellte sie fest, dass die Frage danach auch ihren Kunden helfen kann.

Da der Mensch in Bildern denkt, ist eine Sammlung von Abbildungen der eigenen Begehrlichkeiten ein durchaus hilfreiches Instrument. Der ideale Platz ist an der Wand gegenüber dem eigenen Schreibtisch, so sieht man oberhalb der eigenen Bildschirmkante immer wieder auf die eigene Ziel-Collage, die neudeutsch Visionboard genannt wird.

Wie erstellt man eine eigene Ziel-Collage? Hier führen wenige Schritte ans Ziel und wie so oft ist Sorgsamkeit ebenfalls oberstes Gebot.

Im ersten Schritt werden die Lebensbereiche erschlossen, die dem Ersteller der Ziel-Collage besonders wichtig sind.

- Wofür gibt man sein Geld aus?
- Auf welche Dinge reagiert man außerhalb der eigenen Wohnräume besonders stark? Dies können Fahrzeuge, Menschen, Orte, Geräusche, Speisen, … sein.
- Folge ich in sozialen Medien besonderen Menschen oder Themengruppen?

Häufig fokussiert man auf Themen wie:

- Ernährung
- Freundschaften
- Partner*in
- Freizeitaktivitäten
- Fahrzeuge
- Wohnsituation(en)
- Arbeitsqualität
- Sport

Finanzieller Wohlstand und hohes Einkommen sind nicht visualisierbar und müssen, wie bereits erwähnt, hinterfragt werden – beispielsweise mit der Frage: „… um was zu erreichen?"

Nun gilt es, passende Bilder zu finden. Dies ist ein sehr persönlicher Prozess, da die Bilder den Collagen-Ersteller tatsächlich emotional berühren müssen. In einem gut sortierten Zeitschriftenladen wird zu jedem Thema mindestens eine Zeitschrift gekauft, die bewegende Bilder enthält.

Anschließend wird eine Zeitschrift nach der anderen durchgeblättert und es werden vorsichtig die Bilder herausgerissen, die den Collagen-Ersteller emotional berühren.

Irgendwann ist der Zeitpunkt erreicht, an dem keine neuen Bilder mehr zu finden sind und der Ersteller die Ränder seiner Bilder mit einer Schere begradigt. Sobald alle Bilder bearbeitet sind, nimmt man nacheinander jedes Bild einzeln in die Hand, lässt dieses wirken und ordnet es einem der eigenen Lebensbereiche zu. Es kommt vor, dass Themenbereiche zusätzliche Aufteilung erfahren oder an anderer Stelle zusammengefasst werden.

Die Bilder, die keine Emotion verursachen, können aussortiert werden. Fehlen Bilder, kann man die Zeitschriften mehrmals durchblättern.

Irgendwann spürt man, dass die Bildersammlung vollständig ist.

Das Medium, auf dem die ausgesuchten Bilder befestigt werden, legt durch sein Format die Anordnung der einzelnen Lebensbereiche fest. Tatsächlich bestehen Wechselwirkungen zwischen verschiedenen Bereichen, beispielsweise in Bezug auf die Leiblichkeit, dort erfahren die Themen Ernährung und Sport eine Verbindung zueinander.

Im Rahmen der Collagen-Erstellung ist nun der Zeitpunkt erreicht, an dem die Gestaltung beginnt. Die einzelnen Bilder werden punktuell geklebt oder gepinnt.

Im Zentrum der Collage wird ein Platzhalter eingearbeitet, auf dem später die Tagesaktivität beziffert sein wird. Im ESM zeigt die Abbildung (H) eine exemplarische Aufteilung einer Ziel-Collage.

Was ist zu tun, um was zu erreichen? Tatsächlich kann man keine Ziele planen. Eine Selbstkontrolle der erfolgskritischen Faktoren ist eine wesentliche Aufgabe, um täglich zu wachsen.

Wie später im Text von Tessa beschrieben, geht es bei dem Erreichen eines persönlichen Ziels um „Wiederholung und Training“, dies gilt sowohl für berufliche Ziele als auch für private Bedürfnisse.

Die eigenen Ergebnisse durch Quoten messbar zu machen und ins Verhältnis zu Kollegen oder Sportskameraden zu setzen, hilft Potenziale zu erkennen und zu nutzen, um besser und zufriedener zu leben.

Nachdem Ziele und Quoten in Einklang gebracht wurden, steht im Zentrum der Ziel-Collage die Zahl der täglich nötigen Aktivitäten.

- 10 neue Kontakte.
- 10-mal Liegestütze bis zur Erschöpfung.
- 10 min meditieren.
- 10 € in ein Sparschwein stecken.

Nun gilt es, das eigene Navigationssystem auf das persönliche Ziel zu programmieren, sprich das Unterbewusstsein mit den selbst erarbeiteten Bildern auf der Ziel-Collage zu verknüpfen. Dies gelingt durch Autosuggestion, dabei gilt es folgende Grundsätze einzuhalten:

1. Visualisieren (das haben wir durch die Erstellung der Ziel-Collage getan.)
2. Verbalisieren (in positiv formulierten Ich-Botschaften):
   - „Ich lebe in fünf Jahren unter Palmen.“
   - „Ich kann meine Bauchmuskeln sehen.“
3. Mantraartiges Wiederholen, anfangs kann hier ein Handschmeichler in der Hosentasche daran erinnern.

Der Handschmeichler ist ein deutlich wahrnehmbarer Gegenstand, dies kann ein Stein oder ähnliches sein. Alternativ oder ergänzend kann ein Bild vom Visionboard als Sperrbildschirm auf dem Handy und/oder dem Computerbildschirm an die Ziele erinnern.

Stimmt die Planung, so stimmt das Ergebnis und die sich selbsterfüllende Prophezeiung wird wahr.

Für Kunden kann das gewünschte Ergebnis das Erreichen eines Ruhestandskapitals in einer bestimmten Höhe zu einem bestimmten Alter sein.

Tatsächlich unterstreicht Laura, sind ihre Kunden vor allem Menschen mit eigenen Zielen und die Kapitalanlage ist das Instrument, um finanzielle Sicherheit zu erreichen. Nicht mehr und nicht weniger.

Ängste

4

Das Spektrum möglicher Ängste ist breit und vielfältig. Berater haben in der Regel Angst vor Ablehnung, während Interessenten Angst vor dem Verlust haben. Dies betrifft einerseits den Verlust des eingesetzten Geldes und andererseits (beispielsweise) den Verlust des entgangenen Gewinns oder des ungenutzten Steuervorteils. Die Sicherheit einer Immobilien-Investition erhöhen wir durch den Objekt- und Bauträgerprüfprozess im deutlichen Maße, trotzdem erfordert jede Anlageentscheidung ein Quäntchen Mut, Zuversicht und Vertrauen in den Berater.

4.1 Manfred aus Mannheim

„Keine Angst vor guten Schulden."

Manfred ist gelernter Bankkaufmann und ein Fan davon, mit anderer Leute Geld die Rendite des selbst eingesetzten Kapitals zu verstärken. Gemeint ist der sogenannte Leverage-Effekt.

Tatsächlich spüren zahlreiche Erwerber ein Unbehagen, wenn es darum geht, ein Darlehen aufzunehmen. Der Unterschied zwischen einem Konsumentenkredit und einem Immobiliardarlehen ist leicht erklärt. Der erstgenannte ist erlebnisorien-

Ergänzende Information Die elektronische Version dieses Kapitels enthält Zusatzmaterial, auf das über folgenden Link zugegriffen werden kann [https://doi.org/10.1007/978-3-658-51755-7_4].

S. Reuter, *Erfolgreiche Beratung und Verkauf im Immobilienvertrieb*, essentials,
https://doi.org/10.1007/978-3-658-51755-7_4

tiert und zieht einen heute noch nicht möglichen Konsum fremdfinanziert vor, wirtschaftlich ist dies in den meisten Fällen schädlich. Das Immobiliardarlehen ist ein zutreffendes Beispiel für sogenannte „gute Schulden" da durch die Aufnahme von Fremdmitteln oft das Investment erst möglich wird. Mehr noch: Der Einsatz von anderer Leute Geld erhöht die für die Bewertung einer Investition entscheidende Eigenkapitalrendite.

Manfred nutzt für seinen Gesprächseinstieg zwei Immobilienberechnungen derselben Wohnung. Es handelt sich um eine Neubauwohnung, die nach der gesetzlichen Haltefrist im Zweitmarkt platziert wird. Warum das Sinn macht, erklärt uns später Peter.

Die Abbildung (I) im ESM stellt anhand von zwei Bespielen den positiven Effekt des Kredit-Hebels dar. Die zu erwerbende Wohnung kostet 400.000 €, das Kundenpaar hat ein zu versteuerndes Einkommen von 150.000 €. Bei einem Betrachtungszeitraum von zehn Jahren und einer Wertsteigerung von 1 % pro Jahr wird vereinfacht mit einem Darlehen über 400.000 € gerechnet. Die Erwerbsnebenkosten und mögliche Bauzeitzinsen werden in der oberen Berechnung aus Eigenkapital finanziert. Das Immobiliardarlehen wird mit 4 % verzinst und mit 2 % getilgt. Im unteren Fall wird das Eigenkapital um 200.000 € erhöht, sprich das Darlehen wird halbiert.

> „Das Diagramm veranschaulicht, wie hoch der theoretische Eigenanteil am Kaufpreis im Betrachtungszeitraum unter Berücksichtigung der Mieteinnahmen, der steuerlichen Auswirkungen sowie vorgegebenen Wertsteigerung ausfällt. Nicht berücksichtigt werden in dieser Darstellung Erwerbsneben- und Finanzierungskosten."

Da die Finanzierungszinsen steuerlich abzugsfähig sind, erhöht sich allein dadurch die Eigenkapitalrendite, im Berechnungsbeispiel hat sich diese auf über 10 % nahezu verdreifacht.

Fazit Das vorhandene Eigenkapital wird je nach Steuerlast des Haushaltes auf eine passende Anzahl zu erwerbender Wohnungen verteilt, um den maximal möglichen Hebel zu nutzen.

4.2 Norbert aus Nürnberg

> „Niemand sagt NEIN zu einer Immobilie, wäre da nicht die Angst."

Norbert, der beruflich als studierter Coach gestartet ist und erst später Immobilienberater wurde, weiß, dass der überwiegende Teil der Bürgerinnen und

Bürger Immobilien für eine passende Form der Altersversorgung hält. Zahlreiche Studien spiegeln dies wider.

Fachlich richtiggestellt werden muss, dass ein selbstbewohntes Eigenheim zwar die Kosten im Alter senkt, die betreffende Immobilie jedoch nicht dem Ruhestandskapital zugerechnet wird. Das Eigenheim der Eltern wird erst durch die Vermögensübertragung beispielsweise an die Kinder zu „echtem Vermögen".

Fremdgenutzte Immobilien sind neben Leibrenten und Gewinnen aus Kapitalanlagen die gängigsten Anlageformen, um der Langlebigkeit in Rahmen der Ruhestandsplanung tatsächlich gerecht zu werden und lebenslange Bezüge zu sichern.

Die Lücke (Gap) zwischen Wunsch und Wirklichkeit ist erschreckend hoch und geht selten mit fehlenden finanziellen Möglichkeiten einher.

Vielmehr verdeutlicht die Differenz zwischen der Anzahl von Bürgerinnen und Bürgern, die eine Kapitalanlage als zielführende Altersversorgung einschätzen und diese realistisch erwerben könnten in Abzug gebracht zu den Eigentümerinnen und Eigentümern von mindestens einer fremdgenutzten Immobilie die unbewussten Ängste, die durch mangelnde Aufklärung und fehlerhaftes Wissen entstehen.

In der Tat bringt der Erwerb eines Immobilien-Investments zahlreiche Chancen mit sich und eine Anzahl von Risiken. Diese Risiken werden in der Regel in einem kundenorientierten Exposee aufgelistet zusammen mit den Maßnahmen, die der jeweilige Bauträger trifft bzw. getroffen hat, um diese zu reduzieren.

Angelehnt an das Eisbergmodell hat Norbert eine Folie entwickelt, die einen Interessenten zwei Fragen beantworten lässt:

- Warum ist eine fremdgenutzte Immobilie für Sie erstrebenswert?
- Was hat Sie bisher davon abgehalten?

Zahlreiche Interessenten sind umfangreich informiert und natürlich könnte man einfach feststellen: „Wer das eine will, muss das andere ertragen." Norbert geht deutlich feinfühliger mit seinen Gesprächspartnern vor. Er erarbeitet die bestehenden Ängste und möglichen Lösungen. Erst nach deren Klärung wird eine Immobilienart und Losgröße festgelegt. Viel entscheidender ist in Norberts Ansatz die Auswahl des passenden Bauträgers, der durch die dort handelnden Personen und deren Arbeitsweise, den Bedürfnissen der Erwerber und zukünftigen Eigentümer gerecht wird.

In Abb. 4.1 sind die am häufigsten genannte Begriffe zusammengestellt, natürlich ist jedes Gespräch ein Unikat und hier genannte Begriffe werden gar nicht erwähnt, andere erhalten einen besonders hohen Stellenwert. Die Folie ist lediglich ein Instrument, um dem Interessenten zu persönlicher Klarheit zu verhelfen. Die Lösung ist immer eine gemeinsame Arbeit von Berater und Beratenem.

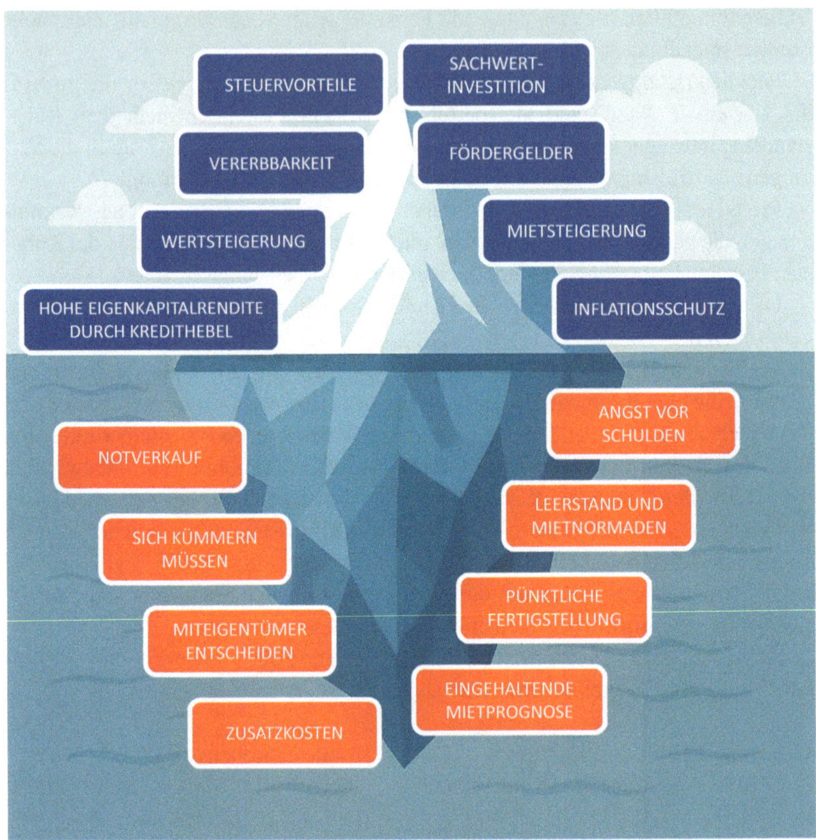

Abb. 4.1 Kundenberatung angelehnt an das Eisbergmodell

Das Eisbergmodell ist ein Kommunikationsmodell aus der angewandten Psychologie, dass die in der Betriebswirtschaftslehre häufig verwendete 80:20-Regel des Pareto-Prinzips verdeutlicht.

Innerhalb der Kommunikationstheorie bildet das Eisbergmodell eine wesentliche Säule zur Erklärung der zwischenmenschlichen Kommunikation.

> „Das Eisbergmodell zeigt, dass nur ein kleiner Teil unseres Verhaltens sichtbar ist – wie bei einem Eisberg, dessen Spitze aus dem Wasser ragt. Der größere Teil liegt unter der Oberfläche: Gefühle, Werte, Einstellungen und unbewusste Motive. In der Kommunikation bedeutet dies, dass Missverständnisse oft durch diese unsichtbaren Anteile entstehen. Um andere besser zu verstehen, müssen wir auch auf das achten, was nicht direkt gesagt wird."

Deshalb nochmals der deutliche Hinweis: Die Verwendung von Norberts Folie erfordert im Umgang mit unsicheren, wenn auch willigen Interessenten besonders viel Geduld, Vertrauen, Fachkompetenz und Interesse am jeweiligen Menschen.

Berater, die diese Mehrwerte bieten können, werden mit loyalen Kunden und hochwertigen Empfehlungen belohnt.

4.3 Oliver aus Oldenburg

„Wer nicht vorsorgt, hat ab dem Renteneintritt nur noch das halbe Einkommen."

Oliver ist gelernter Versicherungskaufmann, er verfolgt einen klassischen Ansatz zum Thema Vermögensaufbau gegen Altersarmut. Schon früh hat er die Einstellung vertreten, dass Haushalte, die nur geringe Beträge sparen, trotz unseres Sozialstaats keine Zukunft haben. Um dies seinen Kunden zu verdeutlichen, nutzt Oliver regelmäßig und abhängig von der Kundentypologie zwei unterschiedliche Ansätze zur Verdeutlichung.

Der erste Ansatz ist die Nutzung eines passenden Berechnungsprogramms. Es werden zunächst die aktuellen Kosten der Haushaltsführung abgefragt und erfasst. In diesem Zusammenhang hilft es, die Kontoauszüge der letzten drei Monate durchzugehen, um einerseits zu realistischen Werten zu gelangen und diese andererseits zu verifizieren. Im zweiten Schritt werden sämtliche Vorsorgemaßnahmen gebündelt und mit einem realistischen Zins zum Renteneintritt hochgerechnet. Anschließend werden die jeweils fälligen Steuern abgezogen und das sogenannte Ruhestandskapital ermittelt.

Tatsächlich sollte der Vermögensaufbau im Wesentlichen bis zum 50sten Geburtstag abgeschlossen oder zumindest organisiert sein.

Im nächsten Schritt werden die Ausgaben im Ruhestand beziffert und der weitverbreitete Trugschluss, dass das Leben im Alter weniger Geld bedarf, wird entkräftet, denn in der Regel bleibt man eitel, muss zunehmend mehr Geld für den Erhalt der eigenen Gesundheit aufwenden und mehr Freizeit kostet erfahrungsgemäß mehr Geld.

Sobald die harten Fakten ermittelt sind, können unterschiedliche Handlungsoptionen geprüft bzw. abgewogen werden. Der von Oliver genutzte Beratungsrechner ist ein finanzmathematisches Rechenprogramm, das die jeweiligen Änderungen der Rahmenbedingungen sofort auf seine Wirksamkeit prüft und abbildet.

Der Kunde könnte beispielsweise

- später in den Ruhestand gehen,
- im Alter weniger ausgeben,
- unterdurchschnittlich alt werden,
- spekulativer anlegen als er das eigentlich wollte, um möglicherweise mehr Zinsen zu erwirtschaften, aber er würde unruhiger schlafen.

Es gibt leider kaum ausfinanzierte Haushalte und selbst diese sind durchaus schockiert, sobald Oliver den Beratungsrechner die folgenden Faktoren in ihrer Wirkung abbilden lässt.

- Steuern auf Alterseinkünfte
- Volatile Zinsen
- Die Wirkung der Inflation während des Ansparens und im Ruhestand
- Das Langlebigkeitsrisiko – die unterschätzte Gefahr

Oder flach formuliert: Am Ende vom Geld ist noch sehr viel Leben übrig.

Die gute Nachricht ist, dass Kapitalanlage-Immobilien als bewährtes Investment einen passenden Anteil des Ruhestandsvermögens erwirtschaften können.

Oliver ist Versicherer, deshalb thematisiert er neben dem Vermögensaufbau auch die Vermögenssicherung. Er simuliert Vermögensverluste durch unzureichende Haftpflichtversicherungen und Einkommenseinbußen durch fehlende Absicherungen.

Berater, die Olivers Beratungsansatz schätzen, sich aber nicht in ein Beratungstool einarbeiten wollen, können ihre Kunden mit einem haptischen Ansatz für die anstehenden Aufgaben sensibilisieren, der als „Spiel des Lebens“ bekannt geworden ist.

Zunächst werden, wie gehabt, die aktuellen Kostenblöcke benannt und beziffert. Anschließend werden die großen Überschriften auf einem Stück Papier verteilt, wie die Abbildung (J) im ESM exemplarisch zeigt. Nun wird Spielgeld gebastelt, verschiedene Scheine – 100er, 50er und 20er.

Oliver gibt als Bank genau die Summe an Geld aus, die aktuell zur Verfügung steht. Der Kunde verteilt das Geld auf dem selbst gebauten Spielbrett. Oft merken Kunden an dieser Stelle, dass sie aktuell schon über ihre Verhältnisse leben – und

- Einsparung nötig sind.
- Zusatzeinkünfte helfen können.

Anders gesagt: Viele Menschen können nicht mit Geld umgehen und müssen dauerhaft der Null hinterherrennen.

Mithilfe einer Rententabelle ermittelt Oliver überschlägig die zu erwartenden Alterseinkünfte, dies sind etwa 50 % der aktuellen Einkünfte und es wird regelmäßig erkennbar: Handelt sein Gesprächspartner nicht sofort, ist die Altersarmut vorprogrammiert.

Sollte der Gesprächspartner noch immer nicht einsichtig sein, zeigt Oliver ihm die Wirkung der Inflation – ähnlich, wie wir es bereits bei Dieter erleben durften.

5 Auswahl

Bei der Auswahl und Reservierung eines konkreten Immobilien-Investments wird sich der Interessent in unterschiedlich wiederkehrender Form die folgenden drei Fragen beantworten müssen:

1. „Ist es gut?“ und ja, die Immobilie ist in Bezug auf Standort, Bauträger, Hausverwaltung und energetischer Konzeption passend. Der Interessent kann hier guten Gewissens einen Haken setzen.
2. „Ist es sinnvoll?“ und ja, wenn die ausgewählte Immobilie dem Interessenten als Instrument hilft, seine wirtschaftlichen Ziele zu erreichen, wird diese Frage ebenfalls bejaht.
3. „Kann ich es mir leisten?“ oberflächlich bezieht sich diese Frage auf die finanzielle Situation des Gesprächspartners, tiefer gehend geht es um das Gefühl des Interessenten, ob er Liquidität dafür hergeben möchte, um beispielsweise Steuern zu sparen, Wertsteigerung zu erfahren oder eine Eigenkapitalrendite zu erwirtschaften.

5.1 Peter aus Peine

„Ein bisschen wehtun muss es.“

Ergänzende Information Die elektronische Version dieses Kapitels enthält Zusatzmaterial, auf das über folgenden Link zugegriffen werden kann [https://doi.org/10.1007/978-3-658-51755-7_5].

S. Reuter, *Erfolgreiche Beratung und Verkauf im Immobilienvertrieb*, essentials,
https://doi.org/10.1007/978-3-658-51755-7_5

Leider und tatsächlich ist die Wahrnehmung des Cashflows in den letzten Monaten immer mehr in den Vordergrund gerückt. In breiten Teilen der Bevölkerung scheint die Botschaft „Erwirb eine Immobilie als Kapitalanlage ohne monatliche Zuzahlung“ angekommen zu sein. Ähnlich wie vor einigen Jahren „Geiz ist ...“ zu sein schien.

Dabei kann eine monatliche Zuzahlung, sprich ein negativer Cashflow durchaus zu einer höheren Tilgung führen und damit zu einem höheren Entschuldungsgrad und einer höheren steuerfreien Ausschüttung.

Doch machen wir es wie Peter, dieser erklärt seinen Interessenten zunächst die unterschiedlichen Begrifflichkeiten und Wechselwirkungen.

> „Bei der Betrachtung des Cashflows werden die Einnahmen und Ausgaben für die Immobilie unter Einbeziehung möglicher Abschreibungen und Wechselwirkungen des Finanzierungskonzeptes betrachtet. Je nachdem, ob die Ausgaben höher als die Einnahmen oder umgekehrt sind, ist der Cashflow negativ oder positiv. Tatsächlich ist die Cashflow-Betrachtung eine Momentaufnahme und anhängig von gewählten Betrachtungszeitraum.“

Durch diese einfache Definition wird deutlich, dass es nicht darum geht „Ein Stück Berlin für 100 € monatlich ...“ zu erwerben, tatsächlich stehen erneut die bereits beschriebenen Ziele und Erwerbsmotive im Vordergrund, daraus lassen sich häufig Parameter für die Immobilienberechnung ableiten.

Mit einem Blick auf das vereinfachende T-Konto auf Abbildung (K) im ESM, wird deutlich, welche Optionen es gibt, um eine Immobilienberechnung entsprechend zu gestalten. Das T-Konto bildet den jeweiligen Durchschnittswert der Gesamtberechnung abhängig vom Betrachtungszeitraum ab.

Da die Verwaltungskosten vom Erwerber nicht beeinflusst werden können und die Höhe der Instandhaltungsrücklage im Wesentlichen von der Immobilienart abhängt, geht Peter mit seinen Kunden auf die Parameter

- Miete und Mietentwicklung,
- Abschreibungsmöglichkeiten und steuerliche Auswirkungen,
- Finanzierungskonzeption

ein. Die Mieten in der Immobilienberechnung sind abhängig von der Immobilienart. Bei Bestandsimmobilien hat der aufteilende Bauträger oft einen Mietpool eingerichtet, um die unterschiedliche Miete je Wohnung zu glätten und eine im Rahmen gesetzlich möglicher Vorgaben vorzunehmende Mietsanierung bereits im Vorfeld abzubilden. Der Erwerb wird dadurch attraktiver. Tatsächlich überzeugen Bestandsimmobilien durch die sogenannte Sofortmiete, da die Wohnungen bereits bestehen und der Mietpool ab Eintragung im Grundbuch an den Erwerber bzw. Eigentümer auszahlt. Je nach Betrachtungszeitraum ist dies für die Berechnung des Cashflows mehr oder weniger entscheidend. Neubauten haben während der Bauzeit keine Mieteinnahmen.

Abhängig vom Finanzierungskonzept können Bereitstellungszinsen bzw. Bauzeitzinsen, die steuerlich abzugsfähig sind, anfallen. Diese erschweren auf den ersten Blick die Entwicklung eines positiven Cashflows.

Die Abschreibungsmöglichkeiten beim Erwerb einer Kapitalanlageimmobilie sind vielfältig. So kann auf Bestandsimmobilien mit einem Restwertgutachten eine Abschreibung für Abnutzung geltend gemacht werden. Diese ist jedoch niedriger als bei Sanierungs- oder Neubauten, das ist leicht nachvollziehbar, da der Staat private Investoren gewinnen will und muss, um zusätzlichen Wohnraum zu schaffen. Zusätzliche Wohnungen durch die Sanierung verfallener Gebäude und den Neubau auf freien Grundstücken nehmen den Druck vom Wohnungsmarkt. Denkmalgeschützte- und Wohnungen im Sanierungsgebiet erfreuen ihre Erwerber durch die sogenannte Denkmal-AfA nach § 7i EStG. Neubauten mit passender Bruttogeschoßfläche und modernem Energiekonzept können aktuell die Abschreibung gemäß § 7b EStG kombinieren mit dem § 7 Abs. 5 EstG und so ca. 50 % des Kaufpreises in den ersten zehn Jahren abschreiben. Es gilt bei jedem angebotenen Objekt die individuellen Abschreibungsmöglichkeiten zu prüfen und die persönlichen steuerlichen Auswirkungen, die neben der erworbenen Immobilie abhängig von der Höhe des zu versteuernden Einkommens sind, zu ermitteln.

Ein weiterer wesentlicher Aspekt bei der Ermittlung des Cashflows ist das Finanzierungskonzept. So können Immobilien mit modernem Energiekonzept aufgrund der ESG-Ziele häufig etwas günstiger finanziert werden und zusätzlich KfW-Mittel geltend machen. Peter erklärt seinen Kunden das Thema KfW-Mittel vereinfacht. Bestandsimmobilien bekommen in der Regel kaum KfW-Mittel, die Ausnahme bilden anstehende energetische Sanierungen. Denkmalgeschützte Immobilien werden je nach regionalen Vorgaben oft sehr umfangreich auf einen modernen energetischen Standard gebracht, dies wird mit zinsgünstigen Darlehen und möglichen Tilgungszuschüssen unterstützt. Neubauten haben energetische Vorgaben, die in der Regel zu zinsgünstigen Darlehen für die Eigentümer führen. Die jeweiligen Konditionen sind abhängig vom Förderprogramm und können tagesaktuell auf der Homepage der KfW abgerufen werden. Doch zurück zu Peter und seinen Kunden. Die KfW-Zinskonditionen der KfW-Mittel sind abhängig von der Laufzeit, vereinfacht bedeutet dies: je besser die Zinsen, desto schneller möchte die Bank das Geld zurückhaben und das bedeutet eine höhere Tilgung, die ihrerseits den Cashflow senkt.

Was ist nun eigentlich eine Cashflow-Immobilie? Mit diesem Begriff werden Objekte, sprich Wohnungen, bezeichnet, die nach dem Erwerb und der Begleichung der Erwerbsnebenkosten (Notargebühren, Gerichtskosten, Grunderwerbsteuer, ...) keinen weiteren Aufwand erfordern oder sogar einen monatlichen Überschuss generieren.

Nachdem nun deutlich ist, wie eine Cashflow-Immobilie rechnerisch entsteht, kann man die jeweilige Momentaufnahme auf bereits bestehende Immobilien oder im Bau bzw. der Sanierung befindliche Objekte übertragen – und die jeweiligen Chancen und Risiken miteinander abwägen.

Peter bringt es nochmals auf den Punkt: Tatsächlich kann eine überschaubare monatliche Zuzahlung die Eigenkapitalrendite erhöhen und die Ziele Vermögensauf- und -ausbau stärker unterstützen.

5.2 Quinn aus Quedlinburg

„Große Zahlen klein machen ..."

Quinn ist ursprünglich gelernter Einzelhandelskaufmann. Er war in diesem Beruf in Ladengeschäften unterschiedlicher Branchen tätig und machte unbewusst zahlreiche Beobachtungen, die sich heute in der Immobilienberatung in Ansätzen wiederholen.

Es gibt deutliche Unterschiede im Kaufverhalten von Menschen, wie in zahlreichen Veröffentlichungen zu Kundentypologien beschrieben wird. Während Männern nachgesagt wird, dass sie Bedarfskäufer sind, wird Frauen häufig unterstellt, dass es Ihnen – auch – um das Kauferlebnis geht. Diese grobe Unterteilung, fast ungerechte Übertreibung, soll an dieser Stelle der Verdeutlichung dienen und keine Personengruppe bezichtigen oder verletzen.

Frauen wird nachgesagt, dass sie sich im Durchschnitt intensiver um ihre Kleidung kümmern als Männer und deshalb länger aussuchen, auf Nachhaltigkeit und Passform achten, Beratung schätzen und letztlich pro Kleidungsstück mehr Geld ausgeben. Qualität und Langlebigkeit sind fast schon nötige Hygienefaktoren beim Shopping.

Das Einkaufen von Kleidung darf gern zu einem Erlebnis werden, begleitet von einem tiefgründigen Gespräch über die Steigerung und den Erhalt der Lebensqualität im Allgemeinen und von einem Espresso mit etwas Gebäck oder einem Prosecco inkl. Pizzaecken umrandet werden. Fachliche Kompetenz und ehrliche Aussagen zum ausgewählten Outfit stehen im Vordergrund.

In vielen Fällen ist der Kauf dennoch abhängig vom verfügbaren Budget und häufig vom Bildungsniveau.

Männer (an dieser Stelle wiederholt Quinn seinen Hinweis auf das bewusste Übertreiben zum Zwecke der Verdeutlichung) gehen los, um Dinge zu erledigen. Im Bekleidungsgeschäft werden T-Shirt, Hose und Pullover aufgrund der Vermutung, dass diese zusammenpassen könnten, mit in die Umkleidekabine genommen und auf Passgenauigkeit überprüft. Die Hose kann man ggf. umkrempeln, die Oberteile lieber etwas weiter und am Bauch nicht zu eng.

In der Wirklichkeit kann es auch ganz anders aussehen, wie das folgende Beispiel zeigt. Ein Kunde sucht einen Elektronikfachmarkt auf, um ein Kabel zu erwerben. Am Eingang steht ein Fernseher mit beeindruckenden Ausmaßen. Vertrieblich erstklassig ist das Preisschild gestaltet, dort steht in großen Lettern geschrieben „119,06 €" – darüber steht in deutlich kleineren Buchstaben: „monatliche Rate bei 33 Monaten Laufzeit."

Der Kunde lässt sich von dem Preisschild einfangen und kauft den Fernseher. Zu Hause angekommen stellt er fest, dass das Gerät mehr Umbauarbeiten an der heimischen Schrankwand erfordert als angenommen. Hinzu kommt der häusliche Ärger. Letztlich muss der übermotivierte Käufer den Fernseher zurückgeben.

Damit der Erwerb einer Immobilie wohlüberlegt und strukturiert abläuft, haben wir den Verkaufs- und Beratungsprozess sinnvoll geordnet, Ilka hat weiter oben ihren Fahrplan zur Verfügung gestellt.

Auf den mitkaufenden Partner, in diesem Fall die Ehefrau, die kühlen Kopf bewahrt hätte, ist Holger eingegangen.

Quinn ist überzeugt vom Qualitätsverkauf, so rechnen sich zahlreiche Immobilien großartig und abgesehen von den Erwerbsnebenkosten liegt der monatliche Aufwand häufig unterhalb des Kindergeldsatzes.

Kapitalanlage-Immobilien gehören ab einem Einkommen von ca. 3500 € in ein strategisch ausgerichtetes Anlageportfolio, sofern es für den Kunden passt.

Qualitätsimmobilien, die mit einem TÜV-Baucontrolling errichtet oder auf Grundlage eines DEKRA-Gutachtens saniert werden, sind das Gegenteil von „Geiz ist …"

Passt man nicht auf, liefert der Algorithmus einem dauerhaft günstige Immobilien-Offerten, ähnlich wie die Quengelware vor der Kasse im Supermarkt.

Auf jeden Fall liegt der Gewinn auch im kostenbewussten Einkauf, aber nicht zulasten anderer Erfolgsfaktoren. Das Unternehmen, wo die kleinen Preise zu Hause waren, ist inzwischen ebenfalls Geschichte.

Als Quereinsteiger hat sich Quinn wie viele seiner Kollegen umfangreich weitergebildet, er stellt sicher, dass die vom ihm aufgezeigten Immobilienlösungen in Bezug auf

- Qualität des Bauträgers,
- Leistungsbreite des Vermietungskonzeptes,
- Wachstumschancen des Standortes,
- Energiekonzept und Nachhaltigkeit

geprüft und über jeden Zweifel erhaben sind.

Fazit Der für die Wohnung bezahlte Preis muss dem Wert der erworbenen Immobilien entsprechen.

Spannungsbogen 6

Ein von seinem Produkt überzeugter Berater ist eine wesentliche Voraussetzung für eine erfolgreiche Platzierung, im Normalfall ist er selbst Immobilienbesitzer.

Da wir Menschen sehr komplexe Wesen sind, kann man auch für einen Single behaupten: er kauft nicht allein. Der Immobilienerwerbsprozess erstreckt sich über mehrere Wochen und der Interessent berichtet seinen Freunden, Bekannten und Verwandten gern über seinen anstehenden Erwerb. Zahlreiche Menschen werden bei unterschiedlichen Themen sofort und automatisch zu Fachleuten. So scheint es in Deutschland zurzeit von Fußballweltmeisterschaften fast 80 Mio. Bundestrainer zu geben, die es alle besser wissen (Dunning-Kruger-Effekt, siehe Abbildung (M) im ESM).

Es hilft den Erwerbsinteressenten immer wieder neu auftretende Fragen zusammen mit seinem Berater zu klären und richtig einzuordnen, dafür sind eine beiden bekannte Struktur (Kap. 2) und regelmäßige Prozessschritte und Gespräche unabdingbar.

6.1 Rüdiger aus Rosenheim

„Ohne den Mitkäufer ist alles nichts."

Ergänzende Information Die elektronische Version dieses Kapitels enthält Zusatzmaterial, auf das über folgenden Link zugegriffen werden kann [https://doi.org/10.1007/978-3-658-51755-7_6].

S. Reuter, *Erfolgreiche Beratung und Verkauf im Immobilienvertrieb*, essentials,
https://doi.org/10.1007/978-3-658-51755-7_6

Rüdiger hatte einst ein denkwürdiges Erlebnis. Er besichtigte eine zum Verkauf stehende denkmalgeschützte Immobilie. Branchenkundige wissen, dass es sich dabei um eine Ruine handelt, die erst nach dem Erwerb saniert wird und erhöhte Abschreibungen zur Folge hat.

Rüdiger und der Erwerbsinteressent, ein Mediziner aus Heidelberg, erklommen gerade den Dachboden des Gebäudes, der erstaunlich gut erhalten war.

In diesem Augenblick des gefühlten gemeinsamen Abenteuers rutschte Rüdiger die Frage raus: „Herr Professor, … dürfen Sie diese Immobilie eigentlich ohne die Zustimmung Ihrer Ehefrau erwerben?"

Der Professor antwortete: „Junger Mann, dies ist eine interessante und durchaus begründete Frage. Einmal im Jahr darf ich etwas Verbotenes ☺ tun, in diesem Jahr ist es der Erwerb dieser Wohnung."

… und weiter: „Meine liebe Ehefrau hat zu viel Bedenken im Kopf, aber wenn wir in zwei Jahren gemeinsam zur Fertigstellung und Übergabe anreisen, wird Sie sich über meine Entscheidung freuen."

Rüdiger erinnerte sich an ein weit zurückliegendes Seminar, dass unter anderem den sogenannten Mitkäufer thematisierte und er fragte sich, welche Bedenken die Ehefrau des Professors gehabt hätte.

Vermutlich wären es die folgenden oder ähnliche Fragen gewesen, die Ihre Ängste zum Ausdruck bringen:

- Wer garantiert uns, dass die Immobilie auch wirklich fertig gebaut wird?
- Was ist, wenn sich die Bauzeit verzögert?
- In der Bauphase haben wir hohe Belastungen, weil noch keine Miete reinkommt: Wie kann dies kalkuliert werden?
- Wie rechnet sich die Wohnung mit einem geringeren zu versteuernden Einkommen?
- Die kalkulierte Miete erscheint mir hoch, ich habe im Internet nur niedrigere Werte gefunden.
- Der Kaufpreis ist hoch, wie ist dieser zu erklären?
- Wie wird das Risiko eines Mietnomaden als Mieter minimiert?

Genauso wichtig war es für Rüdiger, welche Antworten und Erfolgsfaktoren er der Ehefrau hätte anbieten können, um ihr ein gutes Gefühl zum Erwerb zu geben.

Rüdiger schaute sich den Bauträger- und Objektprüfungsprozess nochmals genau an und kam auf die folgenden Antworten.

Einige der Bauträger errichten die Projekte vollständig aus Eigenkapital, die anderen verfügen über eine vollumfängliche Projektfinanzierung. Erfahrung und Referenzen sind im wahrsten Sinne des Wortes das Fundament der Unternehmensbewertung. Alle Anbieter haben eine jahrzehntelange Vita.

In die jeweiligen Bauzeitenplanungen sind ausreichende Pufferzeiten einkalkuliert, sodass es nicht zu verspäteten Fertigstellungen kommen sollte. Im Notarvertrag wird eine Strafzahlung an die Erwerber in Höhe der Kostenmiete dokumentiert.

Ein qualifizierter Immobilienberater hat Zugang zu Berechnungstools und kann unterschiedliche Szenarien mit den Erwerbsinteressenten durchgehen.

Die Mietprognosen spiegeln den regionalen Mietmarkt und Besonderheiten des jeweiligen Mietmanagements wider. Dieses kann durch eine besondere Nachfrage am Standort, eine bewährte Aufteilung und Ausstattung der Wohnungen oder bzw. und ein nachhaltiges Energiekonzept erreicht werden. Die Erfolgsbilanz („neudeutsch" der Track-Record) des jeweiligen Unternehmens gibt darüber Auskunft.

Kaufpreise von Immobilien hängen von zahlreichen Faktoren ab, diese in ein Verhältnis zu setzen fällt den meisten Beratern schwer, um den oft angeführten Vergleich von Äpfeln mit Birnen zu verhindern ist umfangreiches Expertenwissen erforderlich, die Abbildung (L) im ESM stellt häufige Faktoren dar, die den Kaufpreis einer Immobilie beeinflussen und so einen Vergleich vereinfachen.

Ein in der Verwaltung von Sondereigentum, – so wird eine Wohnung in einem Mehrfamilienhaus bezeichnet, – erfahrendes Unternehmen beginnt bereits bei einem Bautenstand von 50 % mit der Erstvermietung. Häufig ist die dreifache Nettokaltmiete als Haushaltseinkommen nachzuweisen, darüber hinaus sind Arbeitsverträge, Nachweise der Zahlungsmoral (Schufa) und der Nachweis der Mietschuldenfreiheit durch den Vorvermieter vorzulegen. Erfahrung bedeutet u. a. die Echtheit der Dokumente einschätzen zu können und passende Mieter im Rahmen eines Interviews zu identifizieren. Tatsächlich verfügt auch eine Hausverwaltung über einen eigenen Track-Record, der die Qualität ihrer Arbeit erkennbar macht.

6.2 Sabine aus Salzgitter

„Der geordnete Nachlass sichert den Familienfrieden."

Sabine berät seit über zwanzig Jahren Kunden zu Kapitalanlageimmobilien. Sie macht das gut, vielleicht auch deshalb, weil sie Mutter von drei Kindern aus zwei Ehen ist. Was hat das mit den Immobilien zu tun? Grundsätzlich gar nichts.

Das besondere an Sabines Beratungsansatz ist, dass dieser von Beginn an generationsübergreifend ist. Sabine hat sich vor einigen Jahren zur Testamentsvollstreckerin ausbilden lassen.

Tatsächlich vertritt Sabine die Meinung, dass der beste Nachlass, den Eltern ihren Kindern hinterlassen können, eine stabile Ausbildung, wertvolle Fertigkeiten und umfangreiche Kompetenzen sind, sodass es ihnen jederzeit möglich ist, sich selbst und ihre eigenen Familien zu versorgen.

Trotzdem ist die Übertragung von generationsübergreifendem Vermögen für Sabine zu einer Herzensangelegenheit geworden, da sie in der eigenen Verwandtschaft zweimal eine Erbstreitigkeit miterleben musste, die am Ende alle entzweit hat und nur die Rechtsanwälte verdienen ließ.

Im ersten Fall hat die Großmutter an zwei ihrer elf Enkel, vorbei an Ihren vier Kindern, ein rückübertragenes Grundstück verschenkt. Da die Schenkung nicht notariell beurkundet wurde, haben die zu diesem Zeitpunkt bevorzugten Enkel keinen Mehrwert erhalten, die Liegenschaft wurde veräußert und das Geld von den vier Kindern gleichmäßig auf die elf Enkel verteilt.

In einem anderen Fall hat die verwitwete Tante ihren neuen Ehemann zum Vorerben bestimmt und einen entfernten Großneffen zum Erben. Es kam, wie es kommen musste, die Tante starb, der Großneffe klagte für viel Geld das Erbe ein. Der zweite Ehemann verstarb kurze Zeit später und seine Erben klagten auf Rückgabe.

Tatsächlich müssen diese beiden kurzen Schilderungen nicht in der Tiefe durchdrungen werden, sie verdeutlichen jedoch an zwei echten Beispielen, was in den meisten Familien schief geht.

Sabine betont, dass dies nichts mit ihren eigenen Erlebnissen zu tun hat, gibt jedoch zu, dass die Schilderung dieser persönlichen Geschichten im Beratungsgespräch hilfreich ist in der Verdeutlichung ihres Ansatzes.

Der Aufbau eines Immobilien-Portfolios hat in einer reduzierten Betrachtung drei Ziele, die an unterschiedliche Lebensphasen gekoppelt sind:

- Vermögensauf- bzw. -ausbau
- Ruhestandsplanung
- Vermögensübertragung

Falls Sabine in ihrer Tätigkeit als Testamentsvollstreckerin im Rahmen der geplanten Vermögensübertragung als Beraterin hinzugezogen wird, führt sie ein Gespräch mit dem Erblasser und bespricht seine Wunschvorstellung. Im Anschluss klärt sie diese Vorgaben mit einem Fachanwalt auf geltendes Recht ab.

- Neben dem Erbrecht müssen auch steuerliche Aspekte betrachtet werden. Es wird beispielsweise unterschieden in Stämme und Ordnungen.
- Steuerfreibeträge müssen optimal genutzt werden, da sich diese aktuell alle zehn Jahre erneuern.
- Andererseits kann ein „missratenes Kind" nicht ohne weiteres vom Erbe ausgeschlossen werden.

Sind die Wünsche des Erblassers mit den rechtlichen Rahmenbedingungen abgeglichen, holt sich Sabine in Abstimmung mit dem Erblasser im besten Falle alle Erben gemeinsam an den Tisch und bespricht mit ihnen, wie das Erbe verteilt wird. In anderen Fällen reicht es dem Erblasser alles geregelt zu haben und es wird auf die Besprechung verzichtet.

Als erfolgreiche Beraterin zum Thema Kapitalanlageimmobilien steigt Sabine oft mit der folgenden Frage in die Beratung ein:

„Wie viele Kinder haben Sie?"

Je nach Anzahl der Kinder und aktuellen finanziellen Möglichkeiten der Eltern eröffnen sich meist drei unterschiedliche Szenarien:

- Es wird gleichzeitig pro Kind eine gleichwertige Wohnung erworben. Die Eltern stellen die Finanzierung sicher, erfreuen sich im Rahmen der Ruhestandsplanung an lebenslangen, steigenden und inflationsgeschützten Mieteinnahmen und die Vermögensübertragung ist schon beim Erwerb geplant.
- Es werden nacheinander vergleichbare Wohnungen erworben und jeweils einem Kind zugeordnet. Der finanzielle Nutzen bleibt den Eltern auch hier lebenslang erhalten.
- Eine weitere Möglichkeit ist die Gründung einer „Familiengesellschaft", deren Gesellschaftsform abhängig von den Zielen der Eltern ist. In dieser Konstellation werden Immobilien von der Gesellschaft erworben und nach dem Ablauf von Haltefristen möglicherweise wieder verkauft, um weitere Objekte einzukaufen. Die Kinder erhalten einen gleichmäßigen Anteil an der Gesellschaft entweder bereits bei der Gründung oder nach dem Ableben des letzten verbliebenen Elternteils.

Sabine berät begeistert zu den umfangreichen Möglichkeiten, die Kapitalanlageimmobilien bei der Schaffung von generationsübergreifendem Familienvermögen bieten. Vermutlich ist die Schilderung ihrer eigenen Erfahrungen und die von ihr selbst für ihre Familie umgesetzte Lösung für viele ihrer Kunden hilfreich, um sich zu orientieren.

Wie viele Kinder haben Sie?

Weiterbildung und Entwicklung 7

Neben der gesetzlichen Weiterbildungspflicht für Immobilienmakler von derzeit 20 h alle drei Jahre gilt es persönliche Alleinstellungsmerkmale als Berater auszubauen, das können Spezialisierungen auf bestimmte Immobilienarten oder Berechnungstools sein.

Fachwissen vertiefen und Beratungskompetenzen ausbauen: Als Berater für Kapitalanlageimmobilien ist man ein Beziehungsmanager, der vor allem die Bedürfnisse seines Kunden erkennen können muss und das Vertrauen seiner Kunden rechtfertigt. Erfahrende Berater reflektieren jedes Gespräch, was war gut und was hätte besser gemacht werden können, sowohl Misserfolg als auch Erfolg sollten analysiert werden.

7.1 Tessa aus Tübingen

„Wer glaubt etwas zu sein, hat aufgehört, jemand zu werden.“

Tessa hat als ehemalige Leistungssportlerin einen verblüffend einfachen Ansatz. Sie geht grundsätzlich von einer handverlesenen Produktauswahl aus. Durch die ausgewählten Produktlösungen sind Mehrwerte nur durch eine Verbesserung der Beratung möglich.

Ergänzende Information Die elektronische Version dieses Kapitels enthält Zusatzmaterial, auf das über folgenden Link zugegriffen werden kann [https://doi.org/10.1007/978-3-658-51755-7_7].

S. Reuter, *Erfolgreiche Beratung und Verkauf im Immobilienvertrieb*, essentials,
https://doi.org/10.1007/978-3-658-51755-7_7

Tessa kennt diesen Ansatz aus dem Sport „Wiederholung und Training, anschließend: Wiederholung und Training" so wird man immer besser in dem, was man tut. Im Sport übernimmt ein Trainer die Analyse, er beobachtet und zeigt Potenziale auf.

In der Kundenberatung übernimmt diese Aufgabe das Controlling oder ein Kollege, den man hin und wieder in den eigenen Vertriebsprozess mitnimmt und der im Anschluss in einer sogenannten Bordsteinkonferenz persönliche blinde Flecke beleuchtet und Verbesserungsvorschläge macht.

Da Tessa etwas eigen ist, hat sie sich für die „Selbstaufschreibung" entschieden, eine Art Tagebuch mit Listenfunktionen.

Die Abbildung (M) im ESM verdeutlicht das allgemein Bekannte, das eine erste Korrektur an der Quelle schon deutliche Veränderungen am Ziel erkennbar macht.

Arbeitet man jeden Tag daran, etwas besser zu werden, sind die Trainingserfolge erstaunlich, dies ist in der Abbildung durch den unten breiter werdenden Trichter verdeutlicht.

Interessenten kommen aus unterschiedlichen Quellen in den Beratungsprozess. Empfehlungen sind meistens gut vorbereitet und kennen zahlreiche Fakten. Beginnt man mit „Leads" zu arbeiten, sollte man, anders als aktuell häufig zu beobachten ist, darauf achten, Klasse statt Masse und passende Interessenten zu akquirieren. Es muss nicht jedem eine Immobilie ohne monatliche Zuzahlung in Aussicht gestellt werden, die Motive für einen Immobilienerwerb sind vielfältig und müssen freigelegt werden.

Termine zu vereinbaren und sicherzustellen, dass diese stattfinden, ist eine Fertigkeit für sich. Einerseits genug Informationen preisgeben und andererseits den Spannungsbogen und die Freude auf das vereinbarte Gespräch zu erhalten, das muss man beobachten und üben. Insbesondere motivierte Berater wollen sich mitteilen und sprudeln über vor Begeisterung und Informationsfluss, häufig werden die Gesprächspartner dann ein Opfer des von Viktoria weiter unten im Text beschrieben Dunning-Krüger-Effektes, sprich sie glauben alles zu wissen und recherchieren sich den Rest im Internet. Achtung Spoiler:

- Wir Berater sind schuld daran, wenn Kunden unaufgeklärt erwerben.
- Wir Berater sind schuld daran, wenn Kunden die Chance der detaillierten Beratung verwerfen.
- Wir Berater sind schuld daran, wenn Kunden in deren Portfolio ein Immobilien-Investment perfekt passen würde, dies aus Mangel an Informationen nicht tun.

Übrigens ist eine Terminfestigung der alten Schule, beispielsweise durch einen Anruf am Vortag oder eine SMS keine Schande.

Der Beratungsablauf ist in diesem Essential an unterschiedlichen Stellen vorständig behandelt worden. Woher kommen die Interessenten?

Tatsächlich geht es darum, jeden einzelnen Schritt des Beratungsprozesses zu erfassen und zu beobachten. Die Abbildung (M) im ESM verdeutlicht, dass minimale Verbesserungen in den einzelnen Schritten des Beratungsprozesses insgesamt zu beachtlichen Trainingserfolgen führen.

Zahlreiche Berater fragen sich: „Warum hat das nicht funktioniert?“ Um besser zu werden, muss man den Erfolg genauso analysieren und die Frage beantworten: Warum hat dieser Kunde gekauft?

Aus Tessas Sicht muss jeder Berater nach Perfektion streben, Berater schulden dem Interessenten die bestmögliche Information passend für den jeweiligen Gesprächspartner.

Das ist ein Gebot der Fairness. Denn ein Berater hat je nach persönlichem Fleiß jede Woche zahlreiche Chancen neue Kunden von den Vorteilen einer Kapitalanlageimmobilie zu überzeugen.

Ein Kunde gibt sich in der Regel 1 bis 3 Gesprächschancen und hat er das Pech, mit einem schlecht ausgebildeten, fachlich zweitklassigen Berater „am Tisch“ zu sitzen, legt er das Thema möglicherweise für sich ab und vertut eine entscheidende Chance.

Tessas Credo lautet, dass wir unseren Gesprächspartnern die bestmögliche Beratung schulden und deshalb täglich unsere Fertigkeiten und Kompetenzen trainieren, um besser zu werden.

7.2 Uwe aus Ulm

> „Die Art, nach der ich mein Problem gelöst habe, taugt inzwischen als Methode für andere.“

Als Uwe zusammen mit seinem Anlageberater Lösungen für seine eigene Altersversorgung zu finden begann, war er fest davon überzeugt, dass ein strategisch geplanter Vermögensaufbau unter Einbeziehung fremdgenutzter Immobilien erfolgen kann.

Bis heute hat Uwe die Erfahrung gemacht, dass es sogar gelingt, ausschließlich mit Immobilien vermögend zu werden.

Doch der Reihe nach. Als Uwe vor einigen Jahren zu der Überzeugung gelangt, sich bei der finanziellen Ausgestaltung seines Ruhestands nur noch auf die eigene Vorsorge zu verlassen, stellt er fest, dass die üblichen Finanzinstrumente ihn persönlich vermutlich nicht ans gewünschte Ziel bringen.

Einige sind ihm zu volatil – gut genutzt, helfen diese Schwankungen tatsächlich beim Vermögensaufbau, jedoch hat Uwe nicht die nötige Ruhe dafür.

Andere haben aus Uwes Sicht den Nachteil, dass die Anlageklasse nicht ihre volle Wirkung entfalten kann. Aus seiner Sicht müssen für eine realistische finanzmathematische Betrachtung von den erwirtschafteten Gewinnen zunächst die Steuern und die Inflation in Abzug gebracht werden. Die anschließende Ergebnisbetrachtung fällt in vielen Fällen nüchtern aus.

In dieser Ausgangslage drängte sich Uwes nächster Gedankenschritt fast automatisch auf.

Welche Kapitalanlage zieht Nutzen aus der Inflation?

Es sind die sogenannten Sachwerte, die über einen physischen Eigenwert verfügen, dazu gehören beispielsweise Immobilien, Edelmetalle, Rohstoffe und Sammlerstücke.

Da Gold keine Miete zahlt, hat sich Uwe weiter für fremdgenutzte Wohnungen als Kapitalanlage interessiert und kam in diesem Zuge zu Erkenntnissen, die schon andere Beraterinnen und Berater geschildert haben.

Uwe legte sich in einem Tabellenkalkulationsprogramm ein paar Seiten an und

- betrachtete unterschiedliche Standorte,
- arbeitete sich in regionale Stadtentwicklungskonzepte ein,
- begann Baupreise zu kalkulieren,
- recherchierte mögliche Mieterzielgruppen und passende Grundrisse,
- machte sich Gedanken zu sinnvollen Ausstattungsmerkmalen der Wohnung
- und überdachte Vermietungskonzepte, die für den Mieter fair und den Eigentümer wirtschaftlich nachhaltig sind.

Nachdem Uwes Wunschliste fertig war, machte er sich auf die Suche nach passenden Anbietern für seine Bedürfnisse. Er fand keinen, mit dem er starten wollte und machte es schließlich selbst.

Das hört sich leichter an als es war, aber da Uwe wusste, was und wie er es will, bestand seine Aufgabe darin, die jeweils nötigen Ressourcen zu finden und schließlich zu bündeln. Er wollte eine Kapitalanlage schaffen, mit der er sich vorstellen konnte, sein Ruhestandsvermögen aufzubauen.

Leider waren die ersten Projekte nicht fehlerfrei, aber da Uwe ein klares Bild vor Augen hatte, blieb er beharrlich in der Sache und entwickelte die fremdgenutzte Immobilie für sich als Kapitalanlage, um für seine Altersversorgung

- Steuervorteile zu nutzen,
- Miet- und Wertsteigerungen zu entwickeln,

- Vermögensübertragungen zu gewährleisten,
- Kredithebeleffekte und Inflationsgewinne durch geeignete Finanzierungskonzepte zu ermöglichen.

Natürlich ist hier nur die Essenz von Uwes Arbeit beschrieben, es waren fünf Jahre harte Arbeit, die nötig waren, um diese Anlagelösung zu schaffen. Es gab Schweiß, Tränen, Verluste und vor allem Beharrlichkeit.

Nachdem Uwe einige Jahre als Immobilienentwickler in eigener Sache erfolgreich war, wurde er von Finanzberatern angesprochen und schließlich überzeugt, die Immobilien-Konzepte, die er ausschließlich für sich entwickelt hatte, auch anderen Menschen als Kapitalanlage zur Verfügung zu stellen.

Inzwischen entwickelt Uwe mit über 100 angestellten Mitarbeitern „hauptberuflich" Immobilien-Lösungen für Kapitalanleger, die ähnlich denken wie er.

7.3 Viktoria aus Vechta

„Machen …"

Viktoria hat bereits als junge Frau gerne Golf gespielt, später hat sie gern gehandwerkelt, heute genießt sie ihre Arbeit im Garten und sieht in allen drei Aktivitäten deutliche Parallelen zu Ihrer Passion, der Immobilienberatung.

Der Anwender hat jeweils einen Instrumentenkoffer zur Verfügung, sei es das Golf-Bag inklusive Schläger-Set, einen Werkzeugkasten oder die Schubkarre inklusive Hacke, Schaufel usw. Gemeint sind die jeweiligen fachlichen Kompetenzen und Fertigkeiten in der Kundenberatung.

Viktoria hat immer einfach mit allem angefangen und sich in verschiedene Tätigkeiten hineingearbeitet, ein großer Vorteil selbstständigen Arbeitens. Kein missglücktes Onboarding, kein angestellter Vertriebsleiter mit ganz eigenen Zielen und Vorgaben.

Laut reiner Lehre gibt es in jeder Tätigkeit vier Stufen der Kompetenz. Die Abbildung (N) im ESM zeigt das entsprechende Modell von Noel Burch, angefangen bei: „Ich weiß nicht, was ich nicht weiß." Bis hin zur eher theoretischen vierten Kompetenzstufe: „ich weiß nicht mehr, was ich weiß, weil es bereits Verhalten geworden ist."

Die erste Stufe der Kompetenz, die unbewusste Inkompetenz: Der Gesprächspartner erkennt die eigenen Defizite nicht und handelt auch intuitiv falsch. Sich trotz Unkenntnis als kompetent einzuschätzen wird als Dunning-Kruger-Effekt bezeichnet.

Die zweite Stufe der Kompetenz, die bewusste Inkompetenz: Der Gesprächspartner kennt seine Defizite und wie sich diese auswirken, jedoch handelt er intuitiv richtig.

Die dritte Stufe der Kompetenz, die bewusste Kompetenz: Der Gesprächspartner weiß, was er tun muss, um sein Ziel zu erreichen und muss die nötigen Schritte bewusst ausführen. Er kann sein Handeln analysieren.

Die vierte Stufe der Kompetenz, die unbewusste Kompetenz: Der Gesprächspartner verfügt über umfassende Fertigkeiten und Kompetenzen. Er kann Ziele durch das unbewusste Nutzen dieser Ressourcen erreichen, aber sein Handeln nicht mehr erklären oder analysieren.

Sehr schön nachvollziehen lässt sich die Entwicklung von der ersten bis zur vierten Kompetenzstufe während des Erlangens eines Führerscheins für einen Schaltwagen.

Es gibt jedoch zahlreiche weitere Beispiele insbesondere beim Erlernen einer neuen Fertigkeit, begonnen beim Anerkennen der Unkenntnis, über das Erlernen, bis hin zum Beherrschen.

Zurück zu Viktoria, die verschiedenen Glaubenssätzen folgt, einer davon lautet „geht nicht, gibt es nicht." Oder anders formuliert: „Ich kann nicht, heißt ich will nicht." Das trifft vermutlich auf viele Menschen zu, aber mit Sicherheit nicht auf alle.

Viele Menschen in Akquisitionsjobs scheitern an Ihrer Angst vor dem „Nein" des Gesprächspartners. Sie nehmen dieses „Nein" persönlich und fühlen sich verletzt.

Tatsächlich handelt es sich um eine oft sogar zeitlich begrenzte Ablehnung des angebotenen Produktes oder der angebotenen Dienstleistung. Die Kunst in der Kundenberatung ist es, trotz aktueller Ablehnung im Kontakt zu bleiben. Diesbezüglich haben wir weiter oben von Holger erprobte Instrumente beschrieben bekommen.

Der persönliche Umgang mit dem „nein" ist demnach ein entscheidender Faktor, um als Berater bzw. Beraterin erfolgreicher zu sein oder zu werden.

War es Zufall oder Fügung? Viktoria hatte das Glück, eine Geschichte zum Thema eigene Wirklichkeitskonstruktion kennenzulernen. Die Erzählung „Der Hammer" von Paul Watzlawick hat stark verkürzt den folgenden Verlauf.

Ein Mann will sich einen Hammer vom Nachbarn leihen. Doch er beginnt zu zweifeln, ob der Nachbar ihn mag. Seine Gedanken beziehen sich auf einen flüchtigen Gruß und steigern sich ins Negative, bis er wütend zum Nachbarn geht und ihn ohne Anlass beschimpft – obwohl dieser noch gar nichts gesagt hat.

Kommunikation birgt immer Missverständnisse. Watzlawicks Beispiel zeigt, wie sich Menschen durch eigene Gedanken selbst kränken. In diesem Fall wird ein flüchtiger Gruß negativ gedeutet, was zu Wut und Abwertung führt. Der Nachbar bleibt außen vor. Der Mann schadet sich selbst.

Viktoria bezieht ein „Nein" seitdem nicht mehr auf sich selbst oder das angebotene Produkt, sondern vielmehr auf die aktuelle Realität ihres Gesprächspartners.

Da sich Viktoria umfangreich weitergebildet und die von Ihr angebotenen Immobilienlösungen sorgfältig zusammengestellt hat, weiß Sie, dass sie zum Thema fremdgenutzte Immobilien als Kapitalanlage die vierte Stufe der Kompetenz erreicht hat.

Zum Gesprächsbeginn fragt Viktoria immer, ob das Gespräch nur höflich oder bei Bedarf auch ehrlich sein darf. Tatsächlich sind viele Menschen den freundlichen Umgang ohne beharrliches Auseinandersetzen für die Sache gewohnt. Im Rahmen einer Kundenberatung geht es für Viktoria mit einem gut gefüllten Kalender um weitaus weniger als für Ihren Gesprächspartner, denn Kunden geben sich oft nur wenige Chancen, um sich mit einem Thema auseinanderzusetzen. Als Beraterin schuldet Viktoria ihm die kompetente Aufklärung und die fachliche Auseinandersetzung, damit der Kunde eine passende Entscheidung treffen kann.

Im Rahmen ihrer Beratung geht Viktoria auf die Wechselwirkungen der unterschiedlichen Erfolgsfaktoren ein.

Mehr Informationen ändern das Produkt nicht.

Obwohl Viktoria eine Beraterin mit hohem Sachverstand und umfangreichem Fachwissen ist, bildet Sie sich kontinuierlich über die gesetzlichen Vorgaben hinaus weiter.

Ihr Fazit lautet: Wer Antworten hat, bekommt weniger Fragen, weil die kompetente Ausstrahlung Vertrauen schafft.

Besonderheiten 8

Jeder Mensch ist individuell und so ist jede Kundenberatung ein Unikat mit unterschiedlichem Bedarf, finanziellen Möglichkeiten und persönlichen Wünschen.

Es ist die Aufgabe des kompetenten Beraters, ein geeignetes Objekt für den Interessenten auszuwählen und Wunschvorstellungen, die den Kundenzielen entgegenstehen, erkennbar zu machen, um mit dem Erwerbsinteressenten passende Lösungen zu finden.

8.1 Walter aus Würzburg

> „In den meisten Fällen ist der Wachstumsstandort nicht am eigenen Kirchturm gelegen."

Wie viele Berufskollegen hat Walter sich als Quereinsteiger in der Immobilienbranche selbstständig gemacht. Statt einen vollständigen Positionierungsprozess zu durchlaufen, hat er sich wie viele junge 34c-ler zunächst einen rasanten Namen gegeben, um anschließend eine völlig überladene Homepage ins Netz zu stellen. Beliebte Fehler sind www.name-immobilien.de oder www.wohnort-immobilien.de, leider sagt der Name nichts aus zu der angesprochenen Zielgruppe und deshalb melden sich neben den gewünschten Gesprächspartnern auch zahlreiche Interes-

Ergänzende Information Die elektronische Version dieses Kapitels enthält Zusatzmaterial, auf das über folgenden Link zugegriffen werden kann [https://doi.org/10.1007/978-3-658-51755-7_8].

S. Reuter, *Erfolgreiche Beratung und Verkauf im Immobilienvertrieb*, essentials,
https://doi.org/10.1007/978-3-658-51755-7_8

senten, die ausschließlich regionale Immobilienangebote zum Eigennutz erwerben wollen.

Walter, der sich ausschließlich um Kapitalanleger kümmert, hatte durch diese anfänglichen Fehler zahlreiche Interessenten, die tatsächlich nicht seiner Zielgruppe entsprachen, und ein paar Kapitalanleger, mit denen er aufgrund der unpassenden Eingangsvoraussetzungen den Erfolgsfaktor Standortanalyse erarbeiten musste.

Es liegt auf der Hand, dass Erwerbsinteressenten häufig glauben, einen besseren Überblick über die Entwicklung der Immobilie zu haben, wenn sich diese in der Nähe der eigenen Wohnung befindet. Wir erinnern uns an den von Viktoria erwähnten Dunning-Kruger-Effekt, der Interessenten innerhalb von 30 min zu wahren Immobilien-Spezialisten mutieren lässt.

Man stelle sich vor, dass man zwei Querstraßen von der eigenen Wohnung entfernt eine fremdgenutzte Bestandsimmobilie erworben hat. Aus unerfindlichen Gründen fährt man am Abend nicht direkt nach Hause, sondern am Vermietungsobjekt vorbei und wie es der Zufall will, findet man einen Parkplatz direkt vor der Tür – und parkt ein. Nun schaut man hoch, die Wohnung liegt im zweiten Obergeschoss und ist der Straße zugewandt.

Das Licht ist eingeschaltet.

Was weiß ich in diesem Augenblick als Eigentümer der Wohnung?

Richtig! Ich weiß, dass in der Wohnung das Licht eingeschaltet ist und mehr nicht.

Tatsächlich kann man vermuten, dass der Mieter

- zu Hause ist und deshalb das Licht brennt,
- den Strom aktuell bezahlt hat und deshalb das Licht brennt, vermutlich hat er auch die Miete überwiesen.

Der Mieter könnte ebenso das Licht eingeschaltet, die Heizung bis zum Maximum aufgedreht und die Fenster weit geöffnet haben, um anschließend mit dem Toilettenbecken unter dem Arm als sogenannter Mietnomade zu flüchten.

Damit dies nicht passiert und man als Kapitalanleger nicht auf Vermutungen angewiesen ist, gibt es zertifizierte Hausverwaltungen, die alle Aufgaben im Bezug auf das Mietermanagement professionell lösen. Egal wie weit sich die Wohnung vom eigenen Habitat entfernt befindet.

Durch dieses Angebot kann eine Kapitalanlage-Immobilie an jedem Ort erworben werden und sinnvollerweise an einem Wachstumsstandort.

Die Standortanalyse bewertet den Makro- und den Mikrostandort.

Was macht einen Makrostandort attraktiv für Immobilienerwerber?

Ein attraktiver Makrostandort bietet nicht nur aktuell gute Rahmenbedingungen für die Gegenwart, sondern auch ein hohes Entwicklungspotenzial für die Zukunft und genau dieses ist entscheidend für Immobilieninvestoren.

Die folgenden Faktoren bestimmen genau dieses Entwicklungspotenzial:

- Ein prosperierender Arbeitsmarkt, der gute Jobperspektiven ermöglicht,
- Eine regionale Unternehmens- und vor allem Branchenvielfalt,
- Ein stetiges Bevölkerungswachstum, vor allem durch den Zuzug von jungen und gut ausgebildeten Menschen,
- Verkehrsanbindungen des Makrostandortes an Autobahnen und einen Flughafen,
- Hochschulstandort,
- Geringe Kriminalitätsrate,
- Emissionswerte, sprich gute Luft-/Wasserqualität und geringe Lärmbelastung,
- Verlässliche Bauplanung und Entwicklung der städtische Wohnbaupolitik,
- Unterdurchschnittliche Leerstandsquote,
- Niedrige Wohneigentumsquote.

Was macht einen Mikrostandort für Immobilienerwerber attraktiv?

Ein attraktiver Mikrostandort ist vor allem attraktiv für die Mieter der jeweiligen Immobilie, überzeugend ist eine Kombination aus guter Erreichbarkeit, funktionierender Infrastruktur, hoher Lebensqualität und sicherem Umfeld.

Dazu können exemplarisch die folgenden Punkte beitragen:

- Eine gut an den ÖPNV angebundene oder sogar zentrale Lage.
- Je nach Mieterzielgruppe ruhige Seitenstraßen in lebendigen Quartieren.
- Gute Erreichbarkeit mit dem Fahrrad oder Auto inkl. Parkmöglichkeiten.
- Fußläufige Erreichbarkeit von Einrichtungen für den täglichen Bedarf: Supermärkte, Bäckereien, Apotheken, Drogerien und medizinische Versorgung.
- Nähe zu Kindergärten und Schulen mit gutem Ruf.
- Fußläufiger Zugang zu Naherholungsgebieten: Grünflächen und Parks mit Sportmöglichkeiten und Spielplätzen.
- Kurze Wege, um Restaurants, Cafés und kulturelle Angebote wahrzunehmen.
- Eine niedrige Kriminalitätsrate im Quartier und ein angenehmes soziales Umfeld.
- Gelebte Quartierentwicklung durch städtische Entwicklungsprojekte, geplante Neubauten und Sanierungsmaßnahmen.

Nachdem Walter gemeinsam mit dem Interessenten die entsprechenden Eigenschaften von attraktiven Wachstumsstandorten erarbeitet hat, bittet er seinen Gesprächspartner um die Erlaubnis, Standorte mit ausgewiesenen Preiswachstumsprognosen zu benennen.

Walter nutzt öffentlich zugängliche Daten des Bundesamtes für Bauwesen und Raumordnung, der Statistischen Ämter des Bundes und der Länder sowie des Hamburgischen Weltwirtschaftsinstituts, bezogen auf die ca. 400 Gebietskörperschaften der Bundesrepublik Deutschland.

Als Ergebnis entsteht ein Überblick zum jährlichen Wachstum der Immobilienkaufpreise bis 2035, wie im ESM die Abbildung (O) zeigt. Die dunkelblau eingefärbten Standorte sind aus Investorensicht am attraktivsten.

Walter geht anschließend zu einer Erklärung der Immobilienarten mit ihren Chancen und Risiken über und ermittelt die passende und die gewünschte Höhe des geplanten Immobilien-Investments.

Nachdem die Rahmendaten in Bezug auf

- Standort,
- Höhe des Investments,
- Immobilienart

geklärt wurden, vereinbart Walter einen Folgetermin zur Vorstellung passender Immobilienlösungen.

Fazit: Der für alle Gesprächsteilnehmer erfolgreiche Abschluss des Erstgespräches ist der gemeinsam erstellte Suchauftrag.

8.2 Xenia aus Xanten

> „Steuern kann man nicht vermeiden, doch je länger ich mit dem Geld arbeiten kann, desto höher ist der Ertrag.“

In der Tat handelt es sich nicht um eine Art Dispositionskredit für Konsumgüter, sondern um kluge Investments, die Steuerzahlungen verschieben oder sogar verringern.

Grundsätzlich hat der Staat immer eine Zukunftsausrichtung in Bezug auf die Wirtschaftspolitik, ähnliches gilt für die Energiepolitik. Da der Staat zahlreiche Projekte finanziell nicht mit eigenen Mitteln umsetzen kann, bietet er steuerliche Anreize.

Ein Beispiel ist der Wohnungsbau, ein anderes ist der Ausbau von regenerativen Energien.

Peter hat die unterschiedlichen Abschreibungsmöglichkeiten von Bestands-, Neubau- und denkmalgeschützten Immobilien gut umrissen, ähnlich präsentiert Xenia die unterschiedlichen Varianten.

Xenias Kunden sind hauptsächlich Mandanten von kooperierenden Steuerberatungskanzleien und anschließend empfohlene Kunden bzw. Mandanten.

Oft wird Xenia „ins Boot geholt", wenn von den Interessenten selbst recherchierte Lösungen nicht die nötige Substanz haben.

Zahlreich sind die Mandanten, die zwar seit einem Jahr wissen, dass sie einen größeren Abfindungsbetrag erhalten, jedoch erst drei Tage vor dessen Auszahlung „den Hörer in die Hand nehmen", weil die Angst, zu viel Steuern zahlen zu müssen, nun stärker ist.

Xenia arbeitet mit einem gewöhnlichen Zeitstrahl, auf dem Sie, wie in der Abbildung (P) im ESM erkennbar, die jeweilige Markierung bzw. Eintragung vornimmt, sobald die Kunden Ihre Frage beantwortet haben.

- Wo stehen Sie heute?
- Bis wann werden Sie vermutlich Arbeitseinkünfte generieren?
- Wann beginnt Ihr Ruhestand?
- Welches Ruhestandkapital muss bei welcher durchschnittlichen Verzinsung, Inflation und Steuerlast zur Verfügung stehen?
- Welche Finanzinstrumente sollen bzw. können für den Ruhestandsplan genutzt werden?

Schnelle, aber nur kurzfristige Lösungen ermöglicht die Nutzung des Investitionsabzugsbetrages. Immobilien-Investments sind in vielen Fällen passend, wenn der Exit gut geplant ist oder lebenslange Mieteinnahmen gewünscht sind.

Der Investitionsabzugsbetrag ist ein steuerliches Gestaltungsinstrument nach § 7g EStG, das kleinen und mittleren Unternehmen, Selbstständigen und Freiberuflern erlaubt, bereits vor einer geplanten Investition in abnutzbare bewegliche Wirtschaftsgüter des Anlagevermögens bis zu 50 % der voraussichtlichen Anschaffungskosten gewinnmindernd geltend zu machen.

Es können auch Kapitalanleger vom IAB profitieren, wenn sie selbst unternehmerisch tätig sind, beispielsweise über eine vermögensverwaltende GmbH oder eine gewerbliche Beteiligung an einer Fotovoltaikanlage, Ferienwohnung zur Vermietung, vermieteten Maschinen etc.

Vorteile des Investitionsabzugsbetrags

- Steuerersparnis in dem Jahr bevor investiert wird, führt zu einem deutlichen Liquiditätsvorteil.
- Gestaltungsmöglichkeit: gezielte Gewinnminderung zur Optimierung des Steuersatzes.
- Aktuell sind bis zu 200.000 € Investitionsabzugsbetrag pro Betrieb möglich.
- Die Investition in Höhe des doppelten IAB muss flexibel innerhalb von drei Jahren erfolgen.

Das nun steuergesparte Geld wird von zahlreichen Kunden teilweise in eine fremdgenutzte Immobilie investiert, um lebenslange und inflationsgeschützte Einnahmen zu generieren. Der andere Teil findet Anwendung bei der Auflösung des IAB durch eine entsprechende Investition.

8.3 Yvonne aus Yach

„Gerade Besserverdienende müssen vorsorgen."

Yvonne hat eine Ausbildung als Sozialversicherungsfachangestellte abgeschlossen und sich anschließend als Rentenberaterin selbstständig gemacht.

Yvonnes wesentliche Botschaft: Der entscheidende Zeitpunkt zu Handeln ist der, an dem ich erkenne, dass ich Geld sparen muss!

Es ist möglich, ein Rentenkonto zu klären, um zusätzliche Entgeltpunkte zu „finden". So können beispielsweise fehlende Kindererziehungszeiten, Zeiten der Arbeitslosigkeit oder Anrechnungszeiten nacherfasst werden.

Die gesetzliche Rentenversicherung soll als Sicherungssystem einen Mindeststandard garantieren, aber sie macht Beitragszahler weder wirtschaftlich unabhängig noch vermögend. So ähnlich verhält es sich mit den zahlreichen berufsständischen Versorgungswerken, die ihre Absicherungsleistungen auf eine deutlich geringere Anzahl von Versicherten stützen müssen und in zahlreichen Fällen seit Jahren keine ausreichenden Gewinne erwirtschaften können. Oft sind Mediziner, Juristen oder Architekten betroffen.

Der Trugschluss lautet „Die Besserverdienenden erhalten ohnehin die Maximalrente." Tatsächlich korreliert die ausgezahlte Rentenhöhe mit der gesamten Arbeits- und Einkommenshistorie eines Erwerbstätigen.

Die Beiträge zur gesetzlichen Rentenversicherung sind bis zur jeweils geltenden Beitragsbemessungsgrenze zu erbringen. Diese wird jedes Jahr etwas angehoben. Die eingezahlten Beträge werden dem Rentenkonto als Entgeltpunkte gutgeschrieben und sind zum Renteneintritt die Grundlage für die Höhe der Rentenzahlung. Je mehr man eingezahlt hat, desto mehr Leistungen werden fällig.

In ihrer Tätigkeit als Beraterin macht Yvonne deutlich, dass Besserverdiener einen zusätzlichen Beratungs- und Anlagebedarf haben, weil sie häufig Bruttoeinkünfte oberhalb der Beitragsbemessungsgrenze erwirtschaften. Für diesen überschießenden Einkommensanteil sind keine Beiträge fällig und wie die Abbildung (Q) im ESM verdeutlicht, wird keine Leistung ausgekehrt.

> „Verdient ein Kunde deutlich über die Beitragsbemessungsgrenze (BBG) ist der die BBG überschreitende Betrag nicht beitragspflichtig und nicht rentenversichert."

> „Bei einem aktuellen Beitragssatz von knapp 20% müssten besserverdienende Kunden etwa ein Fünftel ihres oberhalb der BBG liegenden Einkommensanteils anlegen."

Das gilt umso mehr für Freiberufler oder Personen, die aufgrund einer besonderen Fähigkeit über einen kurzen Zeitraum sehr viel Geld verdienen, wie beispielsweise Profisportler.

Hier gilt die Regel, einen Prozentsatz in Höhe von 20 bis 50 % der monatlichen Einkünfte klug zu investieren, also eine strategische Finanzplanung zu erstellen und zu verfolgen. Diese muss nicht ausschließlich aus Immobilien-Investments bestehen.

8.4 Zacharias aus Zwickau

> „Das deutsche Anlage-Paradoxon: Die deutschen Sparer legen anders an, als sie es eigentlich wollen."

Die Sparquote in deutschen Haushalten liegt regelmäßig über 10 %, während der Corona-Pandemie stieg sie zeitweise auf über 15 %.

Zacharias ist im Gespräch mit neuen Kunden immer wieder erstaunt. Nach einem ausführlichen Kennenlernen fragt er seine Gesprächspartner gern, wie sie sparen wollen. Er erfragt die Top 5 beliebtesten Anlageformen und es kommen regelmäßig folgende Antworten:

- Aktien
- ETFs
- Immobilien
- Anleihen
- Bausparverträge und Lebensversicherungen

- Edelmetalle
- Misch- und Investmentfonds
- Altersvorsorgeprodukte

Anschließend fragt Zacharias, welche wichtigen Eigenschaften die Kapitalanlage ihrer Wahl haben müsste und tatsächlich sind die Favoriten seiner Gesprächspartner meist dieselben:

- Sicherheit
- Gewinne
- Steuervorteil
- Verfügbarkeit

Nachdem Zacharias mit seinem Kunden dessen Wunschliste erarbeitet hat, zeigt er ihm die Abbildung (R) aus dem ESM, diese ist angelehnt an eine Auswertung der Bundesbank, die ein ganz anderes Bild des Anlageverhaltens privater Haushalte in Deutschland zeigt.

Das gesamte Sparvermögen der privaten Haushalte in Deutschland erreichte Ende 2024 einen neuen Höchststand von etwa 9,05 Billionen Euro, diese sind hauptsächlich angelegt in:

- **Bargeld und Sichteinlagen:** Dazu zählen physisches Bargeld, sowie Guthaben auf Giro- und Tagesgeldkonten. Diese Anlageform bleibt aufgrund ihrer hohen Liquidität und Sicherheit besonders beliebt.
- **Versicherungs- und Pensionsansprüche**: Hierzu gehören Lebensversicherungen und betriebliche Altersvorsorgeansprüche. Sie stellen einen bedeutenden Teil der langfristigen Vermögensbildung dar.
- **Investmentfondsanteile**: Die Investitionen in Fonds, insbesondere in börsengehandelte Indexfonds (ETFs), haben zugenommen, was auf eine steigende Akzeptanz dieser Anlageform hinweist.
- **Aktien und sonstige Anteilsrechte**: Der direkte Aktienbesitz ist im internationalen Vergleich nach wie vor moderat, zeigt jedoch eine wachsende Tendenz.
- **Schuldverschreibungen**: Anleihen und ähnliche festverzinsliche Wertpapiere haben einen geringeren Anteil am Gesamtvermögen, was auf das anhaltend unattraktive Zinsumfeld zurückzuführen sein könnte.
- **Sonstige Forderungen**: Dazu zählen verschiedene Finanzinstrumente, die nicht in die oben genannten Kategorien fallen.

Zusammengefasst bedeutet dies: Die **konservativen Anlageformen** dominieren in Deutschland – also **Bargeld, Sparguthaben und Versicherungen**. Der Anteil von **Aktien und Fonds** wächst, bleibt aber im internationalen Vergleich moderat.
Unter deutschen Anlegern wächst das Interesse an Aktien, doch drücken Risikofurcht und ein **kulturell verankerter Sicherheitsdrang** die tatsächliche Aktienquote in deutschen Haushalten deutlich unter 20 %.
Viele Deutsche bevorzugen **Sicherheit über Rendite**. Die Angst vor Verlusten ist stärker ausgeprägt als in Ländern wie den USA oder Schweden.

Immobilien werden weniger als Kapitalanlage genutzt, oft dominiert der Wunsch nach dem Eigenheim die Mittelverwendung, trotzdem liegt die Wohneigentumsquote in Deutschland europaweit mit knapp über 50 % nur auf dem vorletzten Platz.

Welche Gründe hat dieser deutliche Unterschied zwischen Wunsch und Wirklichkeit?

- Finanzbildung ist in Deutschland **kein Teil des Schulunterrichts**. Themen wie Kapitalanlage, Altersvorsorge und Ruhestandsplanung fehlen vollständig auf der Bildungsagenda.
- Breite Teile der Bevölkerung fühlen sich **überfordert** oder verstehen nicht, wie Aktien und Börsen funktionieren und lassen es deshalb ganz.
- Zahlreiche Menschen empfinden das **deutsche Steuerrecht** rund um Kapitalerträge als kompliziert.
- Die Kapitalanlage in Aktien lohnt sich typischerweise auf lange Sicht, viele Anleger denken jedoch eher kurzfristig oder **scheuen sich vor der Bindung ihres Geldes** über längere Zeiträume.
- Die Bereitschaft, Risiken einzugehen, nimmt im Alter oft ab. Deutschland hat eine alte Bevölkerung, und ältere Menschen investieren tendenziell konservativer.
- **Medien berichten oft stark** über Crashs oder Kursverluste. Dadurch entsteht ein **verzerrtes Bild**, es sieht aus, als sei die Börse primär ein Ort für Zocker und nicht für langfristige, seriöse Anleger.
- Fehlende Information zu der Wirkungsweise von fremdgenutzten Immobilien und einem passenden Kredithebel.

Nach diesem sehr informativen Gesprächseinstieg fragt Zacharias seinen Gesprächspartner, wie dieser aktuell anlegt und erfasst die Daten grob auf einem Blatt Papier, anschließend fragt er, zu welchen Anlageformen der Kunde mehr Informationen haben möchte, und legt mit ihm die Reihenfolge fest.

Zacharias ist als Berater umfangreich ausgebildet und hat die rechtlichen Zulassungen zu jeder beschriebenen Kapitalanlage zu beraten. Eine Vielzahl von Beratern ist spezialisiert und leitet den Kunden nach dem Erstgespräch zu einem versierten Kollegen über. So ist die fachlich kompetente Beratung für jeden Kunden jederzeit sichergestellt.

Fazit: Die Zahlen spiegeln das konservative Anlageverhalten vieler deutscher Haushalte wider, wobei sichere und liquide Anlageformen bevorzugt werden. Es ist in Bezug auf Kapitalanlage-Immobilen noch viel Aufklärungs- und Informationsarbeit zu leisten.

Was Sie aus diesem *essential* mitnehmen können

- Es gibt unterschiedliche Berater, die für ihre Kunden und Mandanten den passenden Weg für eine Immobilienberatung gefunden haben.
- Jeder Mensch ist anders und hat ganz persönliche Bedürfnisse, die in einem Beratungsprozess befriedigt werden müssen.
- Zahlreiche Immobilien-Lösungen, die durch einen mehrstufigen Prozess auf eine Handvoll Erfolgsfaktoren geprüft wurden, werden nicht online gehandelt.
- Der Berater ist ein wesentlicher Teil der Anlage-Entscheidung.

Die aufgeführten Berichte und Abbildungen wurden von den jeweiligen Beraterinnen und Beratern zur Veröffentlichung freigegeben.

S. Reuter, *Erfolgreiche Beratung und Verkauf im Immobilienvertrieb*, essentials,
https://doi.org/10.1007/978-3-658-51755-7

Zeitfracht Medien GmbH
Ferdinand-Jühlke-Straße 7
99095 Erfurt, Deutschland
produktsicherheit@kolibri360.de